U0602013

高效输出

快速实现职场突破

〔日〕山口真由◎著

宋洁千◎译

思い通りに伝わるアウトプット術

北京时代华文书局

前言

大家好，我是山口真由。

我曾经一边学习博士课程，一边在新闻节目中做评论员，也有机会在很多人面前演讲。

评论或演讲都是在向他人传达信息，也就是"输出"的工作。但说实话，我生来就是"超级"输入型的人，喜欢读书，喜欢研究。

学生时代，我一直致力于"吸收知识"，也以此为乐，取得了一定的成绩。可一旦走上社会，我就撞了南墙。

为什么这么说呢？因为职场人每天都在连续输出。

和上司或部下的"报联商"、向客户的说明、交涉或解决问题，所谓的工作大都是通过"输出"信息才得以完成的。

输入型的我对此很不擅长，想说的无法传达，听到的无法说明，对方不想要的信息却做了详尽的调查……积累了无数的失败。

这样的我一旦上电视就更窘迫了。因为我的发言，包括失败的，全都会向全国播报。我在电视上丢的脸数不胜数。

正因为如此，我拼命地学习，想要弄清楚确切的输出是什么，怎样与成果相连。

之后我发现，"正因为自己是输入型的人才能够做到输出"。

从长远来看，比起"只是嘴上说得漂亮的人"，输入型的人有知识，也有深入的理解，这些是强有力的优势。只是，这需要掌握技术。如果没有掌握输出的技术，不管经过多久还是"明明知道，却说不出来"。

这种技术是什么呢？

就是把输入和输出以"超高速 PDCA"的方式转动下去。不能只输入就结束了。要立即输出，并且要增加输出的机会。

也许有人会说："我就是做不到这点才感到困惑的。"

而且，"不想丢脸""不想讲不准确的""不知道该把哪部分拎出来讲""如果有人反对多尴尬"……每个人都可以举出很多理由吧。

我明白。上述理由中的任何一个，对于输入型的人来说都是难关，我也有过亲身体会，但如果就此止步的话，输入和输出的循环就会减速。我们与能够转动 PDCA 循环的人的差距也会一天天增大。

这本书介绍的是突破上述难关的技术。

正因为我是"超级"输入型的人，才能把"表达"变成了主业。所以，我确信无论是谁，都能将输入和输出的循环高速转动起来。

"明明知道却说不出来""想表达却写不好"，有着这样烦恼

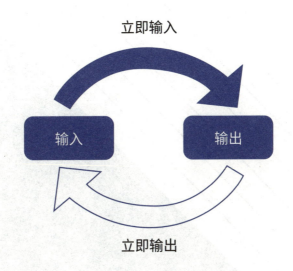

的各位，差不多是时候输出头脑中的想法了。

　　本书不仅是改变你自己的一扇门，也是改变周围世界的一扇门。书中介绍的"按照自己想法传达"的种种输出术，如果能对大家有所帮助，我将不胜荣幸。

目　录

/第 2 章/

改变人生的 "讲话技巧"

/第 3 章/

准确传达的 "写作技巧"

第 1 章

真正与成果相连的
"输出"是什么？

1 为什么你总是
不擅长输出？

输入型的人的绊脚石——情况和学生时代不同！

我想世上有很多这样的人：喜欢学习，学生时代的成绩极好，可一旦走上社会，工作的推进却不顺畅，周遭的评价也总是不尽如人意。

原因十有八九是因为其能力倾向于"输入"。

输入型的人善于吸收知识，善于理解收到的信息，记忆能力也很强，把这些知识拿出去的能力，也就是转化为成果的能力却很弱。

输出能力弱在学生时代并没有大问题，因为在学业上拿出成果的机会仅仅是"考试"。一年五次左右的定期考试、为了应试的模拟考试和正式考试。学校是如果取得好成绩就能得到好评的单纯世界。

可一旦走上社会，输出的频率就会激增。

不仅是发布会等大场面，接电话、向上司汇报、向部下下达指示、回复邮件、编写资料等，全都是输出。也就是说"讲话"和"书写"的能力都会成为评价的标准。

对于输入型的你来说，这是令人非常困扰的情况。需要输出的工作以几分钟一次的高频率"噼里啪啦"地降临，你很难一一费时费力地去应对。一想到工作还会被逐一评价，你就会更加紧张。

输入型的你在学生时代善于通过考试拿出成果的特长，在职场中却容易成为枷锁。这是因为你"不习惯失败"。

当然，失败的打击很大。刚从失败中爬起来，下一个输出又迫在眉睫，再次失败……

末了，周围的人投以遗憾的目光，"明明学历挺厉害的嘛……"

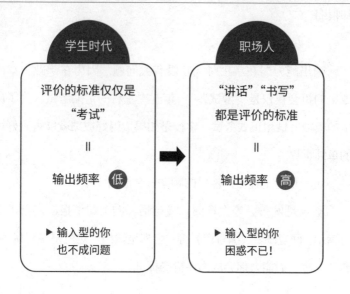

仅仅因为没有"输出的技术"，原有的特长就不能发挥，这真是太可惜了。不用说，这是本人的损失。对于不能享受到其资源的周围的人来说，这也是巨大的损失。

要怎样摆脱这种状况呢？

先要转换意识。让我们从解决输入型的人特有的"自认为"开始吧。

卸下"能做到是理所当然"的枷锁

第一步很简单，就是不要认为"能做到是理所当然的"。越是在学校考试中取得了好成绩的人，越容易陷入这种想法。在高频率的输出中，每次都得到一百分是很困难的。以此为目标，一旦失败，你会备受打击。

"能做到是理所当然的"的想法，也是输出速度慢的原因。

比如，按照上司的指示编写企划书或报告书的时候，如果你认为"拿出一百分的成果是理所当然的"，就会觉得"不做到完美就拿不出手"。

我刚成为律师时也有这样的失败经历。

做了详尽的调查和数据分析，努力做得细致入微。当然，这需要时间，因此提交文书时，险些没赶上截止日期。上司看到它时却勃然大怒："我想要的不是这样的内容！"

我误读了上司的指示，我这样做，连修改的机会都没有。这是典型的失败案例。

正确的做法是，把粗略汇总的东西先给上司看一次（或两次），确认好方向。

这关系到能否切实达成目标，不是"把完美的东西一次性"

输出，而是"把不完美的东西快速多次"输出。

你可能不愿意把不完美的东西给人看。这也是因为你戴上了"能做到是理所当然"的枷锁。更进一步说，是你认为事情"能够掌控"。

你大概会想："不对！我不是那种旁若无人的人。"

是的，在日常生活中，你的确如此。

准确地说应该是："你过于习惯可控的东西。"

让我们进一步思考输入型的人的枷锁吧。

输入型的人是"控制狂人"？

输入型的人大多性格沉稳。

从孩童时代起，在别的孩子又跑又闹的时候，他们就会一个人思考，让自己的想象展翅高飞：脑海中浮现的通常是"完结的世界"、读过的书、当天的课程、经历的事情等。

在头脑中反复回味、思考是本人的自由。学习知识也是如此，图书或课本是静态的对象，学习的速度、场所、记忆方法都由自己决定。熟悉这样可控的世界，并在这个世界里度过很长时间，是你的"常态"。

反之，和其他人的交流等"不可控的时间"就会成为你的"非常态"。

非常态的代表是商务活动。商务活动中要求的输出也不是仅靠自己就能决定的。不管是提交报告书，还是交货，都有发出指示或接收指示的人的想法，而且有规定的期限，还有被期待的结果。

这些都是你无法掌控的、动态的东西。认识到这一点，你才可以切换"常态 / 非常态"的开关。

让我们再看一下"想编写完美的文书却失败了"的例子，自认为完美的思路，对别人来说却并不一定。有了这个认识，我就应该在中途先给别人看一看，修改几次。

一个人埋头苦干，拿出的成果却不符合需求，心怀不满地想："这么完美的东西他怎么还生气呢？"

这些是应该避免的。为"人的情绪"这一最不可控的事情而烦恼，是毫无意义的。

在事态还没发展至此前，毫不犹豫地输出不完美的东西吧。总之，多做几次就行了。

只要放弃"能做到是理所当然的"的想法，这就绝非难事。

输出是"最大的输入"

即便如此，还是不愿意输出的人，让我告诉你一件重要的事情：输出本身就是最大的输入。

因为在输出的前一阶段，一定有一个"思考"的过程。在整理文件或发表文章时，你要进行信息采集和分析。在输出之前，一定会有深度输入。如果是输入型的人，深度会更深。

那么，"拿出成果"的时候会怎样呢？

正如之前所讲，职场人的输出做不到每次都得一百分，或者说，一百分是"不可能的"。即使在某种程度上取得了成功，也会在某个部分留下"这样讲的话就更好了""这样写的话就更好了"的遗憾。

这些"××的话就更好了"就是学到的经验。

没错，这就是输入。那么，下次有机会就把学到的经验付诸实践吧。还不对的话，再用其他方法去实践就行了。

这和职场人所熟知的"PDCA 循环"相同。其中也有不能明确说出"××的话就更好了"的事例。

总觉得哪里不对劲，但又不知道原因，或许这样的情况比较多，这也是一种输入。就让那些模糊的问题留在脑海中吧。你要注意的是，将其和"耿耿于怀"的情绪区分开来。

你不需要自责，或对周围的人心怀不满，只需要对输出的内容和背景关系进行思考、推理就可以了。

当然，不能马上解决也没关系。因为很多时候，答案会在你做其他的输出时飘然而至。但置之不理的话，"××的话就更好了"或"总觉得模糊不清"的想法马上就会消失不见。趁它还停留在脑海中时，朝着下一个输出前进才是上策。你要快速地、不断地转动 PDCA。也就是说，必须抱着"去争取"输出机会的态度，自己主动加快转速。

看不上"愚蠢的问题"是大错特错

那么，"去争取"具体要做什么呢？

比如，项目一启动就积极参与，当然还有更日常的机会，这就是提问。

讲座或演讲会的最后一般设有答疑环节。这时你是否有一边看着站起来提问的人，一边想"啊，问题问偏了"的经历呢？曾经的我就是爱这样想的类型。学生时代，我的这种倾向尤其强烈。

某次研讨会上，有个学生每次都大胆地问一些错误的问题。

"不行啊！"我焦急地看着他。还会想"唉，在这里提这样的问题？""发言之前必须多想一想""说起来，认真听了的话能明白的吧"等。

实际上，周围的人都被他惊呆了。甚至有一次，被提问的教授瞥都没瞥他一眼，就问旁边的副教授："他在问什么？我完全不能理解，你怎么想？"撂下这样一句话，教授就不再接受提问了。我那时也想："看看，问错了吧……"

但不久之后我注意到，他提问的准确度渐渐提高了，教授的反应也改变了。

他不仅提高了准确度，还让大家形成了一种"他的话失败了也没关系"的特殊认知。

相反，把自己嵌在"能做到是理所当然的"的框架里的我，情况又如何呢？

我也注意到了，沉浸在优越感中的自己反而过于害怕失败，一年间几乎没有发过言。不发言的时间越长，举起手来的难度就越大。

从输出的角度来看，这个学生的选择显然是正确的。虽然大胆挑战有"出丑"的风险，但这样也没关系。

在安全的地方看着挑战者哈哈笑的人，是不能转动 PDCA、得不到改善机会的人。走上社会后，两者的评价就会逆转，且两者的差距会逐渐增大。

哪怕多一次也好，也要让自己成为被评价的对象。在这里的失败，以长远的眼光来看不如说是"成功"。不断地回避被评价，会让你失去挑战的欲望。

输出前的思想准备①
摆脱完美主义，毫不犹豫地转动 PDCA

2 针对输入型的人的
输出原则

挑战就得 80 分

有了各种各样的经验和教训之后，我在自己心中建立起了
"挑战评价制度"。

其口号是："挑战就得 80 分。"

不是"为了得 100 分，在头脑中反复琢磨正确答案"，而是
"错了也好，丢脸也罢，总之要去挑战，挑战就得 80 分！"

这是为了增强对失败的耐受力而发明的，学生时代的我是害怕失败的人。

走上社会后，我成了每次失败都会万分消沉的人。从我开始上电视之后，这种情况变得更加明显了。评论员的工作是强制连续输出的，而且如果失败了，狼狈的样子还会被播出。这种丢脸丢到家的事我经历过好几次。

有一次，我在评论时激动地哭了起来，这个场景被全国的观众看到了。之后一想到这件事，我别提多沮丧了。沮丧之后，我渐渐明白："继续这样下去的话，我精神上会受不了的。"

于是"挑战评价制度"登场了，我决定彻底表扬"勇于挑战的自己"：

"能够发言就很了不起！"

"努力了就很棒！"

"不怕出丑的人，可没几个呢！"

迈出第一步，不管结果如何，只要有行动就可以了。这时，我并不去想节目组或者观众如何评价我。

对失败耐受力弱的人需要有一套自己的评价标准。只要有自己的评价标准，就不会被他人的评价伤害，还可以抱着参考的心情听别人的评价："也有这样的看法啊。"

诀窍就是：用自己的评价标准，抓住谁也没有注意到的自己的优点。

评价标准会成为你精神上的支撑，让你能积极迎接下一个挑战。

"勇敢果断" OK，"厚颜无耻" NG

有了这样的勇气，以"多做几次""增加数量"为口号，一定要勇敢地挑战输出。

但这时要注意一点：勇敢地发言是好事，但不要采取"这个我知道"的态度。重要的是：不要让自己显得了不起。

一个话题，如果认为自己知道"八成"，输出时请控制在五至六成。以八成的分量发言的话，会给人傲慢的印象。更别说以十成来输出，这样做的话，评价肯定会下降。

明明只有八成却假装十成，就是"不懂装懂"。这是厚脸皮的表现，看着就让人不舒服。

稍有不清楚的部分，就不要断定"是……"而要控制在"听说是……"的程度。

这时的技巧是展示出发言的"过程"。不是"我认为……"而是"读了这份资料，我想是不是……呢"这样的形式。

举个考试的例子，这就像是"中间回答"。大家应该都很清楚，论述要写得出结论的根据，计算题要写导出答案的算式。即使最终的答案是错误的，只要能展示出思考的过程，很多情况都能得到一些分数。

工作也是如此，展示形成意见的根据是非常有效的，而且这种方式很适合输入型的人。

输入精度高的话，说服力就强。即使意见最终没被接受，大概也能得到部分同意。因为仔细阅读数据的诚意和努力传达给了对方。

再加上你因为传达了思考的过程，还能得到"把这里改一下就 OK 了"的建议，得到一些"下次也试着看看这些数据如何"的点拨。也就是说，得到了下一个机会。

谦虚而诚实的挑战者，就这样抓住了下一个机会。

先要淡然地输出"事实"

不要让自己显得了不起，这与"不过度展示自己"的姿态也有关系。

这样讲，可能有人会想："输出不就是展示自己吗？"这也是输入型的人经常陷入的误区。

帅气地发表自己的意见，让大家佩服就是好的输出，这种想法是错误的。特别是年轻人这样做的话，会被认为是"自以为是的年轻人"，一定要注意。

我的一位后辈律师就犯了这个错误：权威的老师正在讲解某种制度的由来，他插嘴讲了"个人见解"。

有以往丰富的经验和实际业绩支持，个人见解才会被认为是有价值的。相反，就是没有价值的。

法律的世界很高深。经验尚浅、知识有限的新手需要的是认真调查"事实关系"。然后，要能够不加入自己的主观想法、简洁明了地说明这些事实。

基于新手的调查，由权威人士谈论个人见解，这是约定俗成的规矩。

"发表杂感之类的意见，让自己很愉悦，这比琐碎的事实调查有趣多了。"有这样的想法我能理解，但是，权威人士正是因为在年轻时反复进行了细致的调查，如今才能处于被人倾听"个人见解"的高度。

年轻人要明白这一点，先锻炼分析事实关系的能力吧。

写论文也是一样，新手的论文需要的是"调查能力"。评价标准是，能否准确地选定数据，数据量是否充足，能否准确地说明事实。

如能说明事实，就可以一点点地加入个人见解，比如"我是这么理解的"。基础的事实说明准确无误的话，其见解就会被认为有说服力。

随着工作经验的增加，"见解"的比例就会增加。终于成为权威人士后，你才能到达即使像是"闲谈"那样陈述见解也被重视的境界。

这在商业世界中也适用。

不了解背景，只想一味地增加输出，就说"我的想法是……""我的考虑是……"这是失败的根源。

不用博人眼球，发挥善于输出的特长，原封不动地把"知道的事实"展示出来。如果有还未出现的信息、有参考价值的事实，只管拿出来就好了。

● 好的输出是"不随意展示自己"

不好的例子	好的例子
自己的意见	事实关系
个人的见解	参考信息

▶ 没有经验或实际成果的话，就会适得其反

▶ 事实说明准确的话，见解的说服力就会增加

　　不习惯输出的人就从这里开始吧。这样做并不难，还能提高周围人的信任度。

工作终究是"重复游戏"

　　"不让自己显得了不起""提出见解前，要先陈述事实"，如能立足这两点，接下来就可以放心地进行输出，失败也不要气馁。

虽然会有很多失败，但那也会成为不断改善的材料。并且，改善的材料中也有"不需要改善"的情况。

这是指虽不能带来好的结果，但工作上必须做的事。

比如，为了牢牢抓住客户的需求而反复提问，这让对方很烦躁。

你是为了符合客户的需求而用心地提问，但对方却将其理解为"这家伙类似的问题问了多少遍了"。相信大家也有过类似的经历。

对方或是叹气，或是回了一句"刚才不是说过了"等表示厌烦的话时，你就会不由得想"自己失败了"。

但这真的是失败吗？

抓住客户的需求是"正确"的工作。问一些类似的问题也是因为有"要更加准确一些""或许能听到更加接近核心的回答"等意图，这么做没什么不对。

造成结果不尽如人意的原因是运气、与对方不投缘等。

这样造成的损失，大的话是商务洽谈"流产"，小的话会被认为"这人不行啊"。

你或许会想："这不是很大的损失吗？"

并非如此。商务洽谈未来还会有很多，洽谈对象也会有数百人，被其中一个人误解"这人不行"，在漫长的职业生涯中，并非很大的损失。

因为工作不是像高考那样一次定胜负，而是"重复游戏"。

机会以高频率降临。一次次被考验，反过来说就是"机会总是会来的"。

像这样，从长时间跨度来把握是很重要的。

千万不要仅因为一次失败就畏首畏尾，做出"今后提问要适可而止"等错误的改变。

比起自己的得失，要放眼全局发言

让我们稍微换个角度来思考一下刚才的事例。

害怕被人说"这人不行"，反过来说就是"想被认为是能干的人"。这是人之常情，但若被此束缚是很危险的。职场是以团队拿出成果的地方，而不是展示"自我"的场所。因此，重要的是不以"自己的利益"为目的。

这是我在担任评论员时的切身感受。好的评论员发言时要考虑整体的看法，而非自己的。

比如我有过这样的经历：

在镜头前断然否定我意见的人，却会借着节目插播广告的机会，向我建议："一开始的声音要大一些。"通过给还不习惯现场、不能讲得很好的我提出建议，节目的争论更加激烈，也更加精彩了。

评论员看似吵得不可开交，其实是在"共同作业"。对于评论员来说，"自己的得失"并不那么重要。各自强硬地主张自己的意见，既不是为了引人注目，也不是为了让对方受损，而是为了让节目更加精彩。

激烈争吵的评论员在播出结束后互相道歉的情况也很常见。因为知道是"共同作业"，很少有人会心存芥蒂。

如果留有芥蒂的话，是因为一方或双方被"得失"束缚住了：

说得多的一方获益，没能说什么的一方受损。

驳倒对方的获益，语塞的一方受损。

抓住核心的一方获益，考虑同样的事情却错过时机的一方受损。

只考虑上面这些、每次都要获益的人，最终都会受损。

如我前面所讲，工作是重复游戏。如果只是自己觉得好而不考虑整体的协调，周围的人就会觉得"很难把工作交给这个人"，从长远来看损失要比收获大得多。

不要只让自己成为"射手"

开会时要避免"全部都由自己来射门"的姿态。重要的是要放眼全局，要考虑这里由谁发言比较合适。虽然这往往被认为是主持人的角色，但也是与会者必须有的视角。

如果在某个领域有比自己更专业的人，那么抛开那个人，自己举手说明就不合适。

并非全面禁止"引人注目"，比如在展示会上，反而需要把自己展现出来。展示会是通过一次胜负做出重大决定的。如果你被委任此项工作的话，就应该下功夫给别人留下深刻印象。

同样是输出，不同场景下的应对方式也不同。重复度高的场景，要考虑和周围的协调；一决胜负的话，就要坚定地主张。无论哪种情况，都要放眼全局。

当然，就算自己留意了，也会有其他人作为"全得分射手"横冲直撞的情况。他这么做会破坏现场的平衡，还会使你的内心动摇：自己明明也在射手的位置，有一个人不断得分的话，自己的内心就无法平静，不自觉地想与之对抗。

　　但是，你不能被他牵着鼻子走，不自然地重复发言。那种流露出焦虑的模样不好看。最重要的是，讨论的方向会被打乱，你离好的结果越来越远。

　　越是这种时候，你越要保持平常心，想想"对方最终会受损"就好了。

输出前的思想准备②
俯瞰全局，不断摸索"最合适的输出"

---

3 "视觉要素"也是出色的输出

别小看讲话中的"视觉要素"

输入型的人中有很多是擅长写不擅长讲的类型。我会在第 2 章中详细说明"讲话的技术"，在这里我想强调的还是"和学生时代的意识转换"。

学生时代的输出是考试，基本上都是书写。相对地，职场人的输出大多是口头的。这意味着"视觉要素"会在很大程度上左右评价。

姿势、表情、服装，甚至发声的方式和语调都会影响评价。这些做不好的话，不管内容有多好，你留给别人的印象也会变差，评价也会降低；反过来说，"视觉要素"传达到位的话，即使讲话的内容稍微单薄也能弥补。

你或许会觉得没道理，但切忌讲"只要内容好，外观有什么关系"之类的过分轻视的话。

不仅是讲话的人本身要重视"视觉要素"，对待自己的作品也要如此。我成为律师后，曾被当时的上司嘱咐过："把给客户的报告书的封面弄得气派一点儿。"

两百多页的报告书，用上司的话讲，客户不可能仔细地看它的内容，即使看，也只会看概要部分，因此要注重封面和装订。你不觉得这教导很有道理吗？

有决定权的人无一例外都很忙，没时间仔细看你写的东西。因此第一印象会在很大程度上影响判断。

即使不是"大领导"，第一印象的好坏都会极大地改变评价。如果第一印象不好，很大可能会在还没看到内容之前就被判定"不行"。

身体状况也会影响输出

"视觉要素"中还有一个容易被忽略的要点：假设在一个重要的展示会上，你负责准备资料，由同事发表，这时你如果认为"自己不注意外观也没关系"就大错特错了。

输入型的人多被委任制作资料，常在不知不觉中犯这种错误，我的前辈中也有一位是这样的。这个人有非常优秀的调查能力。常常在会议前发挥出惊人的专注力，制作出细致而准确的资料。正式展示时，同事正在讲解，他却在一旁哈欠连连。因为直到前一晚都在调查，体力已被耗尽了。

这时客户关注的不仅是演讲者，还有在演讲者附近坐着的整个团队。客户心里想着"啊，那个人睡着了"的话，就不能专心听；另一方面，同事在发言，他却睡着了，演讲者对团队的信任也会动摇。

可以说这位前辈过于专注自己制作资料的工作，如能考虑到在正式会议中整体"看起来怎么样"，就能做到保证充足的睡眠，以合理的步调制作资料。

"视觉要素"在商务场合是非常重要的。你不妨从健康管理开始，保证充足的睡眠，不给大家留下疲惫不堪的印象，如果能有漂亮、整洁的仪容就更好了。

想要客观审视自己的话，推荐用"视频"

在此基础上，如果你想做进一步完善，不妨试着将自己讲话的姿态拍下来。我一定会看自己参加的节目的录像。此时要回顾的不仅是自己讲的内容，还有"视觉要素"和讲话方式。

虽然经常会觉得"糟了""好丢人"，但每次回顾，我都能发现，自己忽视的要素会出乎意料地讨人厌。

很多人会在意发言的内容，而我要反省的是讲话太快，内容根本没进到观众脑子里。越是仔细准备发言内容的人，越有可能在不知不觉中忽略这个问题。

所以把自己的姿态拍下来看看吧。一开始你会有一点儿不好意思，但最终你会有很大收获。

输出前的思想准备③
正因为有想传达的内容，给对方的印象也很重要

4 只需一种习惯，
   输出能力自然提高

不要被"部分的不合理"扰乱情绪

自我评价是件非常困难的事情，这里我重点谈一谈自我评价的大前提。如你所知，职场人的输出频率非常高，每天都会有无数次的输出，并一一被评价。

一次次的评价终将影响这个人的整体评价。每天评价的"平均分"是随时变化的。但在一个工作场所待了一年以上的话，平时分大体就固定了。

平时分高的 A 先生和平时分低的 B 先生组成一个小组，假设这个小组在工作中犯了错。那么，即使主要过错在 A 先生身上，大家十有八九也会认为是 B 先生的问题。为什么呢? 因为 B 先生的平时分低，这就是"日常行为"导致的结果。

如果只看这一起事件，它明显是不合理的。但在平时分的体制下，势必会产生"部分不合理"。

这种情况下，即使 B 先生强烈辩解说"不是我的错"也毫无意义，只会被认为纠结于小事，大家对他的评价会进一步降低。

如果不明白以上这些的话，B 先生就会越发不满，最终可能会产生"乖僻、怨恨"等情感，态度会变消极，对他的评价会越来越差，他也会在这样的泥沼中越陷越深。

不要只截取部分，重要的是要把时间线拉长。平时分是可以根据以后的表现提高的。所以不要怄气，去争取下一个机会吧。

重复同样的失败也没关系

提高输出能力的方法有很多，但根本方法都是"试错"。然而，并没有一次失败后马上就能彻底改善的错误。

不用说，输入型的人不习惯输出，而且很多时候，会因不能很好输出而感到自卑。

输入型的人有时不知不觉地就"做过了头"。只知道八成的事情却以知道十成的气势讲了出来。想要讲帅气的话，在会议中露一手，会犯这类的错误。

输入型的人才会做出这种输出过头的事情，这不是因为厚脸皮，而是因为不习惯或者没自信。

我也曾是这样。而且我注意到，越是能干的人越不会去耍帅。他们不让自己显得很聪明，有时还会傻乎乎地发言，即使这样还能满不在乎。这正是因为自信。我也曾以此为目标，增加了"禁止不懂装懂""禁止让自己看起来很了不起"的注意事项。

即便如此，我还是会再犯，因为"没有自信"不是那么容易就能去除的。

我现在就告诉你，输出的初学者会有很高的概率陷入这种状态。因此，我们再增加一条注意事项：即使重复同样的错误，也不要自责。

前面提到的"挑战评价制度"会在这里发挥作用。

当你觉得自己又犯了同样的错误时，要这样想："失败了两次＝虽然失败了一次却能够再次挑战，很了不起呢！"要像这样改变想法，表扬自己。这么做就可以减轻伤害并再次挑战。请每次都自我表扬，并不断重复。

只要不放弃就一定能改善。虽然你不知道会是第 51 次，还是第 101 次不再重复同样的失败了。那时，你就变得自信满满了。

从他人那里得到有益反馈的诀窍

他人的反馈也有助于你做出客观的自我评价，但要注意听取意见的对象。最不能指望的就是"不特定多数"的人的意见。

我不会做所谓的"自我搜索"（在网络上搜索自己的名字看会有什么评论）。因为会有各种各样的人说各种各样的话，被这些评论左右的话，什么时候是个头呢？

而且，在网络上评论我的人并非"面对我"说的。因此，不管多负面的话也能说得出来。即使你有钢铁般的意志，去面对这些也是极其困难的事情。

如果想了解别人对你的评价，最好当面询问。

有人对四处打听"你对我的评价如何"的做法犹豫不决。能到处去问"你觉得我怎么样"的人，从根本上讲，是有自信被别人评价的人。把评价自己这件事强加给并不太熟悉的人，有人会从心底抵触。

那该怎样做好呢？

我选择从自己尊敬、信任的人那里获得反馈。

比如写论文时向尊敬的前辈咨询："我的论文是朝着这个方向发展的，你觉得怎么样？"

不由分说就被人否定的话，不管是谁都会难受。正因如此，问自己尊敬、信任的人，即使一时生气或受伤，最后还是可以接受，认为"这个人讲得肯定没错"。而且，也能把自己带着敬意、占用了他宝贵时间的心情，切实传达给对方。

《晨间秀》中的宝贵反馈

现在我在朝日电视台的一档节目中做评论员。

这个节目的评论员全是个性派。星期一一起上节目的石原先生，是一位能够预测观众需求的评论达人。玉川先生能提出强烈的意见，有意促发"争执"从而产生动态的讨论。

起初我怎么也找不到自己的定位。

切实必要的是，我要能对自己专业领域的法律问题进行说明。但在那之前应该说多少，我找不到感觉。

与写论文不同，做电视节目很难寻求反馈，新人更是难上加难。

因此我看了录像，自己做了各种尝试。

热烈讨论是节目的特色，所以我尝试过和玉川先生争执到底的风格。当时观众的反响也很好，因此这种风格持续了一段时间。但重新看了录像后，我还是有种"做过头了的感觉"。

于是，凭自己的感觉，我将力道减到了"三分之二"，这时常驻 MC（节目主持人）羽鸟先生说："这种感觉刚刚好！"

我终于放下心来，可以将自己的表现方式固定下来了。

我也知道了羽鸟先生一直以来都很关心我。

来自常驻 MC 的批评会有很大的影响。无意中提出"否定意见"的话，可能会让人畏首畏尾，新人更是如此。

因此最初的那段时期，一个人的反复尝试还是有效的。

顺便说一下，后来有了大家一起喝酒的机会，我借此拉近了彼此的距离，也就更容易得到反馈。感谢温暖的团队给我建议。

输出前的思想准备④
好的输出，必须依赖好的反馈

5 从输出倒推，仅输入必要的内容

输入的速度会促进精度的提高

通过提高输入的速度，能够更快地促进 PDCA 循环。具体要做什么呢？

要在输入的同时，意识到输出。

要在意识到输出期限的同时，快速开展工作。

要快速选择、阅读符合主题的书籍、资料。

要快速选取应该把握的要点。

顺便说一下，我会考虑与其他评论员之间的平衡后，选取要点。

例如，A 先生可能会对此领域发表评论，这方面是 B 先生的专长，那么我呢？

法律是我的专长，要讲其他人不知道的，这是基本；反过来说，如果是其他人能讲的，或是众所周知的，就没有输出的意义，也自然没有必要输入。

也有输入达人在这一点上犯错：明明是其他人的专业范畴，他却花了大量时间去阅读，这只会降低效率。

准备公司的内部会议等，在自己和周围的人都有相当知识的情况下，阅读入门书籍也不过是浪费时间；向熟知历史的人介绍中学课本水平的基础知识，只会让人觉得"这我知道啊"。没有意义的事情，就不要花时间输入了。

提高速度的秘诀是从输出倒推，仅输入必要的内容。

离开让你不思进取的舒适区

从输出的失败中总结教训，也就是从失败中学习，也有提高速度的技巧。速度慢的原因是什么呢？是一直沉浸在消沉的情绪里。

这时最好能像念咒语一样不断鼓励自己"挑战就得 80 分！"

但有人"不想这样做"，一直沉浸在消沉的情绪里，想说自己不行。

说实话，我原本也是这种类型。

因此我能明白，这种消沉其实是对自己的纵容。

一直说自己不行，乍一看好像是对自己严格要求，但实际上，不过是保持不行的状态比自我改进轻松而已。"我这样苛责自己，多可怜啊"的心情看似痛苦难过，实则轻松美好。

总想着"大家一定都被我吓呆了""那个人大可不必这样说""谁都不帮我，太过分了"等无可奈何的事情。正因为是一些怎么想也解决不了的问题，你才会"无可奈何"，才会磨磨蹭蹭，才会止步不前。

对于"别人""过去"这些自己无法改变的人和事，不断叹息、怨恨、自怜，无限循环。是的，想要控制无法控制的事情也是输入型的人常有的毛病。

我是如何摆脱这个毛病的呢?

其实并没有完全摆脱,即使是现在,我也会一不小心就切入止步不前的模式。这时必须客观地看待自己:"我现在陷入循环了。"

比如像下面这样:

"啊,我在自怨自艾。"

"我在不停地想一些怎么想也无济于事的事情。"

如果能客观地看待自己,就能注意到自己在做没有意义的事情。

虽不愿离开舒适区,但一旦发觉做的事情"毫无意义",你也就不愿继续下去了。因此,如果你现在正被之前的失败拖拽着,无法前行,请停止消沉,勇往直前吧!

输入型的人提高输出能力的"注意事项",到这里就讲完了。下一章开始是技巧篇,主要讲与各种输出形式相匹配的技术。

输出前的思想准备⑤
即使失败了,也不要停止输出的 PDCA

改变人生的
"讲话技巧"

1 让输出品质产生巨变的 "外观·印象·措辞"

"朴素"的印象比讲话的内容更重要

讲话这种行为不同于书写，信息一瞬间就传达给对方了，讲话具有"即时"性。但是，商务场合的讲话通常有准备时间。

让你在正式场合不慌张、好好传达想法的方法其实有很多。

首先，我们要检查讲话内容以外的部分。

在整理内容之前，我们要在服装、举止、声调三个方面下功夫。

具体怎么做呢？就是要"朴素"。

为了让观众顺利理解内容，讲话内容以外的部分要尽可能"朴素"。否则听者就会被吸引，导致内容无法顺利传达。

我在电视台担任评论员的时候，特别是参加《晨间秀》节目时，尤其注意这一点。

晨间节目的观众恐怕是没有多余的时间认真看电视的，大多只能在做家务或做出门准备的同时瞟一眼电视屏幕。

这样的话，第一印象都会比内容先入为主。"啊！大红的衣服"，观众一瞬间就不想听讲话内容了。

我通过"实验"证实了这一点。我试过和观众一样，边做事边看我参加的节目的录像，注意到的果然不是内容，而是服装、举止、声调等。

为了好好把内容传达给对方，需要注意以下三点。

①服装
避免过于鲜艳的颜色和个性化的设计。

②举止
注意动作不要太大。女性还要注意不要有摸头发的毛病。

③声调

避免说话快、声音高亢、频繁出现口头禅。话还没讲完就被打断会使人不快，也要注意。

● 让外观"朴素"的三要点

❶ 服装
避免过于鲜艳的颜色和个性化的设计

❸ 声调
避免讲话快、声音高亢、频繁出现口头禅

❷ 举止
注意动作手势不要太大

把自己讲话的姿态录下来以便检查以上的内容。

讲话时觉得"失败了"的地方，通过画面看的话并非如此，反而会发现其他意想不到的应该改善的地方。

请务必养成从外部审视自己的习惯。

语言选择也会导致"致命伤"?

其次，想请大家注意的是内容之外的要点——"语言选择"。

即使内容本身很好，但用来传达内容的语言选择不当的话，观众记住的就只是不当的语言。

我在财务省工作时，一位老前辈讲了他的经历：在一次针对高龄者的演讲中，他的演讲很出色，反响却平平。

他后来总结道：在本应说"各位高龄者"的地方，他全都说了"老人"。再怎么说"老人"也不是一个褒义词，况且听众中大多是高龄者，这么说自然会令人不快。

另外，对于一些人来说，外来词语会成为障碍。

比如アンビバレント（ambivalent）这一词语，大家一般不太熟悉。想传达这个词语时，需要准备好另一种说法："矛盾的"。

地名等固有词语，也要事前调查确认读法。特别是弄错"团体名""人名"的话会很不礼貌。很多人应该还记得，日本大学美式足球部的前教练内田正人把关西学院大学读成了"かんさいがくいん"（正确的是"かんせいがくいん"），让该大学的师生很不满。

另外，平时也要进行训练，以提高"检查能力"。虽说是训练，但也不是什么夸张的事情。和别人谈话时、看电视时，不要左耳进右耳出，而要考虑"这里的遣词造句怎么样"——也就是说，竖起"天线"就可以了。

记住"不说'死了'，说'去世了'比较好。""对身份高的人说'ご苦労様'（长辈对小辈说的"辛苦了"——译者注）不太好"等。记住这些"关联"，并尽可能做笔记。

此外，这种方法绝不是要责备别人。虽然近来议论电视上人们发言中的错误并在网上抨击的现象频发，但没必要也不应该上纲上线。"原来这样的措辞会让人介意，能学到这些真是太好了"这样想才是正确的。

让人印象截然不同的讲话技巧①
保持"朴素"的印象，让对方关注谈话内容

---

2 讲话之前胜负已定，准备的奥秘

好感和抵触感的比例以"8∶2"为目标

接下来终于要考虑内容了。

我如果知道了下一个节目的主题，就会"写下来"做好准备。关于这个主题我是怎么想的，把想到的都写下来，然后再一点点整理形成意见。

这时不能忘记的是：主题向谁传达。

传达专业知识的新闻报道节目或访谈类节目，要花时间扎实地调查事实和背景，并构建理论。

相对地，资讯节目或综艺节目追求轻松、易懂，所以比起调查更要在表达方式上下功夫，要结合观众层的年龄、性别、兴趣等，考虑的是易懂和有趣。

另一个要点是：什么样的意见容易被接受。

就是要预测某个意见可能会被认同还是会让人抵触。并且，最终把好感和抵触感的比例大体控制在"8：2"。

好感十成是不可能的，而且越接近十成，意见就变得越无聊。全员赞成的意见等于"无可非议且令人印象薄弱的意见"。换言之，就是讲了没意义的话。

相反，只追求冲击力的话印象是会变深，但太过头的话会降低赞成者的比例，听众也会感到不快。

因此"8：2"是最佳平衡。

话虽如此，但我心中的想法也并非一直是"8：2"。有时也不得不发表"可能会被抵触"的评论。

这时我经常做的是调整讲话方式，保持信息完整性的同时，选择不过分犀利的语言，用间接的表达，用柔和的声调。

即使内容稍有"攻击性"，但仅凭上面这些方式，给人的印象就大不相同。

不迎合、不情绪化

留下良好的印象非常重要，但这绝不是要迎合对方。自己的想法、思想，即轴心的部分，不能动摇。

观察谈话的对象，强烈抵触的话你也可以选择"不说"，但不能"说谎"。无论如何都要讲的话，就用前面我提到的"讲话方式"进行调整。

即便如此，有时你仍会被抵触或反驳。我也经常在节目中被强烈反驳，也有时被故意挑衅："总之东京大学毕业的女性……"他们对我进行人身攻击的同时，笼统地提出草率的主张，让我很反感。

即使明白这是节目需要，是为了让节目更有火药味、更精彩，对方才故意攻击，可我还是会气不打一处来。

重要的是，越是这种时候，越不要激动。这时如果感情用事地撑回去的话，就会大大失分。不管主张的内容有多好，给在场观众的印象不过是"勃然大怒的人"。

所以我会忍。

比起情绪化地反驳，"忍受"更能给人好印象。

会让人觉得"本以为这个人会讲很多，却很好地控制住了自己"。

比起情绪化地撑回去，在这种场合，压抑的沉默看起来更"美"。

给人留下这样的印象后，我会在抓住要点的同时，最低限度地作答。虽然我讲话的量只有对方的一成，说服力却是十倍。

烦恼的话，试着跟身边的人谈一谈

即使讲解同样的内容，根据对象不同，讲解方法会各不相同。这里的原则是要配合对方。

"年轻一代不行啊，讲的时间一长注意力马上就会中断""最近的电视净是字幕"……人们可能会有各种各样的分歧和不满。但让我们把这些个人的分歧和不满先放在一边。

重要的是要用最容易传达给对方的方式，传达自己想讲的内容。为了找到这种方法，最好是请接近"传达对象"立场的、身边的人帮忙检查。

对于 80 后观众居多的节目，我经常请比我小一岁的妹妹帮助。探讨与法律相关的问题时，我经常向非法律专业的妹妹确认是否易懂、是否有趣、是否有说服力。

比如，讲解"交通事故造成了巨大的损失，但造成事故的人如果没有过失就不会被惩罚"这一原则时，妹妹说："造成了那么多人死亡，难道不应该受罚吗？"我意识到"原来这里会让她感到疑惑"，就解释道："从被害者的视角来看的确是这样，但法律是从加害者的视角来看是否应该被问责。"

在此基础之上，如果能够达到"原来如此""嗯，好吧，勉强明白了"的效果，我就可以放心了。

像上面这样，知道了哪里存在疑惑，你就能知道要在哪里着力说明。

顺便说一句，我也经常去问我母亲的意见。晨间资讯节目的主要观众是母亲那代人，母亲的反应非常有帮助。在这里不是确认"哪里有疑问"，而是确认"观众能接受到何种程度"。

试着提出："我想说这样的意见。"看她的反应是"原来如此"，还是"嗯"地表现出兴趣，还是不屑一顾地改变话题。从母亲的反应，我能够推测节目给传达对象的感受。

认真准备，敢于"忘记"

在准备的最终阶段，有一个非常重要的环节：一旦决定了说什么和怎样说，就暂时"忘记"。

从主题的内容、提炼出的观点、讲话方式到讲话顺序——即使这些都写在笔记本上，我也不会把它带去现场。

你可能会觉得"太浪费了"，对我来说，这也是个艰难的过程。因为笔记本上的内容是好不容易准备的，想把它全都忠实地再现出来是人之常情。执着于此的我失败过好几次。

刚开始上电视节目时，我把一沓笔记带到了现场，然后像读稿子似的发表了评论。这会给人"违和"的感觉。

评论员如果执着于准备好的内容，回答就会不符合现场语境，就会不协调。结果就会给观众这样的印象：他只说自己想说的。

所以现在，正式出演时，我放在手边的只是一张提取了精华的、只有一些单词的简单笔记。

把单词写下来的话，心里比较有底。被问到的时候，如果与自己准备好的话题相关，也能马上作答。灵活运用对话语境的同时，这样做还能把想传达的内容自然地传达给对方。

另外，还有一个重要的技巧，那就是不要把想说的"一次全部说完"。这个技巧来自和我一起参加《晨间秀》的石原先生。

石原先生说："一个问题被抛过来时，最初的回答达到八成就可以了。"

不要全部说完，稍微停顿一下，主持人羽鸟先生会进一步提问，再对此作答。这样会形成良好的走向。

的确，这样会进行得更顺畅，对观众也友好。

商务人士用这种讲话方式也非常有效。不要一次说完，停顿下来试着和他人互动一下吧。先确认是否很好地传达给了周围的人，之后再讲解。

即使没有人追问，只说八成也没关系。

比起知无不言，刻意留下余韵的人，会给人有深度的感觉。要点是：趁着人们"还想继续听这个人讲"时，停止讲话。

即使是非对话形式的输出，"暂时忘记准备的内容"的环节也很重要。即使是单方面讲话，也不要照着稿子念，要看着听众，一边确认听众的表情一边讲。

在准备阶段牢牢记住了想讲的内容的话，即使具体的表达不同，你也不会偏离大纲。你可以根据对方的反应即兴表达，动态传达。

让人印象截然不同的讲话技巧②
保持轴心不动摇，随机应变

3 讲话简明扼要的技巧

只要做好准备，简洁汇总就很简单

目前为止，我讲了很多关于讲话的"准备"，这是有原因的。不擅长讲话的人经常会有"没能简洁汇总""废话太多""没能总结出要点"等烦恼。

如果能事先确定什么是重要的，这些烦恼全都可以解决。

不言而喻，知道自己有"发言的机会"的话，你最好事先准备好答案，以防问题突然被抛过来。

主题几乎都是事先知道的，所以你需要把与此相关的、能想到的内容都列出来，再从中找出重点，"关于这个主题，应该如何切入""有什么对大家有用的信息"，等等。

然后，把这些按重要性重新排序。

首先是"应该……""我认为……"等意见或主张，接着是支持它的背景或证据，然后是易懂的具体事例，最后是有用的信息。

把各种表达提取精华写下来的话，就更放心了。

像前面讲的那样一点点地拿出"八成左右"，只要听众保持兴趣，就能继续讲下去，这是最理想的。

即使中断了，你也能把最想讲的部分传达出去。

刚开始的时候，你可能觉得多少有点儿麻烦，但还是建议你一一写下来。习惯之后，你就可以在头脑中操作了。

找到平衡点

另一方面，切忌为了简洁，不管三七二十一地把表述变短，过于压缩的话，表述可能变得不准确或不正确。

对于一次点评，你最起码要有自己的观点和理由，这是最简短的一套组合。

为了有冲击力，要旗帜鲜明地抛出自己的观点。为了使观点听起来不极端，必须陈述稳妥的理由。

如果你只讲有冲击力的观点，就容易被误解为走极端。所以，即使没有时间也不要删减理由。但是，"观点＋理由＋附加的语言"的组合，是有删减的可能的。

例如，"我这样认为，理由是这样的，话虽如此，我也知道这样的原则论从现实情况来看是很困难的。"这句话的后半部分没多大意义，所以没必要讲得太长。

作为缓冲材料的语言要紧凑地控制在不枯燥的程度。擅长讲话的人能通过表情或讲话方式的细微差别表达出来。这部分内容或许省略了，相应的，你就可以在想讲的事情上分配更多的时间。

并不是缩短所有内容，而是要在点评中找到平衡点。这样做既充分讲了想讲的内容，又不会给人冗长的印象。

● 点评的三要素

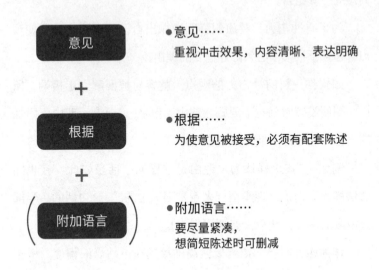

● 意见……
　重视冲击效果，内容清晰、表达明确

● 根据……
　为使意见被接受，必须有配套陈述

● 附加语言……
　要尽量紧凑，
　想简短陈述时可删减

更大的好处是，提高发言的可信度。

想讲的语言配比多、附加的语言配比少的话，评论的"密度"会变高。这是把无意义的部分控制在最低限度的、内容丰富的评论。

"专业知识的部分长，剩下的内容尽量紧凑"的讲话方式，会让人觉得"这个领域可以放心地交给他"。

跑题的话"先接受，再拉回"

即使深思熟虑，事情也经常不按预测的那样发展。

我在用法律知识评论有关案件时，经常遇到这种场面。

讲完"在这个案例中，法律上采取这样的措施"之后，本应继续阐明原因"因为……"但别人一句"这太过分了，受害人的心情会怎样呢"，话题就转向别的方向了。

这里不能讲"这个我就不知道了"。如果讲"法律上就这样规定的，这也没办法啊"，你给人的印象就更差了。

那该怎么办呢？最好的办法是"先接受，再拉回"。

先表示共鸣，"的确有难以接受的部分"，然后继续"但法律上就是这样……"只是顺着对方的情绪加上一句话，这是很简单的。不会给人不好的印象，又能以最快的速度回到原本的话题。

如果能一次回到原来的话题，就照原样继续。

但对方可能再次跑题，你必须有这样的思想准备。这是因为你设定的"要点"和对方认定的"要点"常常不一致。

可以把对方的发言视为"离题"剪切掉，然后继续。但你设定的"要点"一定是正确的吗？

如果发生这种情况，不执着于自己准备好的"要点"，要彻底配合对方。实际上，有时这么做可能才是正确的。

找出对方卡在了哪里、介意什么后，你可能会发现自己和对方是以完全不同的方式来看待同一个问题的。

是从一开始就察觉对方介意的要点，还是以不同的视角继续推进，是相当重要的分水岭。

越是准备得充分，越容易执着于自己准备好的"要点"。"忘记"的训练在这里也能派上用场。

让人印象截然不同的讲话技巧③

比起一味缩短，内容的张弛有度更为重要

4 提升说服力和魅力的方法

没有"枝叶"的讲话很无聊

还有另外一种过于追求"简洁、直接"而造成失败的情况，那就是轻视"枝叶"的部分。

如你所知，讲话中有"主干"和"枝叶"。"主干"是指包含要点、根据的信息，"枝叶"是案例或趣闻逸事等。

"主干"当然很重要。与此相对，细小的"枝叶"容易被认为是"不需要的东西"。尤其是具有逻辑思维能力的聪明人，常常只重视信息和其根据，即只重视逻辑，轻视"枝叶"。

当然，正如前面讲的，如果时间非常有限，应该优先选最简短组合的"主干"。

但是，如果有富余的时间，你不仅要关注逻辑，也要关注与情感相关的要素。

论文姑且不谈，如果在日常对话中只听得到理论，你会觉得有趣吗？你会觉得简洁到"索然无味"吗？

这样的话，人和人交谈就没有意义了。读课本也能获取同样的信息，而且还更快呢。

既然是讲话，就要有"人情味"。即使是讲解理论，加上一两件趣闻逸事也很重要。

演讲的高手一定会这样做。

我在哈佛大学法学院留学时，为了提高英语水平经常听《古今著名演讲》。我发现美国的前总统肯尼迪、奥巴马等演讲大师，都是讲故事的高手。

他们的演讲中巧妙穿插了小时候的故事、历史人物的名言、接触到的一位市民的感人事迹等，让听众切身感受到他们的语言有血有肉。

生动的事例能激发听众的共鸣，进而由这些事例引出的主张就更容易被接受。

涉及微妙话题时，用"间接提及"的话术

当权者贪污、艺人疑似出轨、某某走后门入学等传闻，即使事实尚不清楚，但大家都认为"一定是这样"，这样的情况时有发生。

流言蜚语会勾起人们的好奇心，但在事实尚不明朗的阶段说三道四，这实在不是什么好品格。毫无事实根据的发言是非常无礼的举动，发言人自身也可能因此丧失信誉。因此，不要讲事实不明的话语，也不要不经意间添油加醋。即使大家都在讲，你也要保持沉默，这是一名可靠的社会成员的基本素质。

另一方面，在一些场合你不得不言及这样的话题，资讯节目是个典型的例子。因为在这种节目中，参与者需要通过交换"可能是××"的话题，来吸引观众的注意。这时我们需要的是"间接提及"的话术。

如果你直白地讲"肯定是走后门入学"肯定不合适，仅传达事实"进这所学校难度相当高"的话，就没问题。

"不是相当高水平的人的话无法入学，比如……"像这样，通过详细地列举事实确凿的周边信息，你就能间接刻画出"这个人轻易入学是不可能的"。

这个手法不仅限于流言，涉及微妙话题的场面也有效。例如，困难的谈判场景。

当对方似乎在隐瞒某些事情时，如果你说"您那边的条件真是好得令人惊讶""这种事通常不太可能"，言外之意是"您的'漂亮话'有猫腻，我们都看着呢"。

不能说虚假的事实或侮辱性言论。有时候，我们需要在底线上暗示自己的真实想法。

当然，越是这种时候，越要仔细调查确凿的事实，谨言慎行。

说服对方不能只靠"道理"

洽谈或谈判等场合需要说服对方时，重要的是从"道理"和"情感"两方面考虑。

讲道理的重要性自不用说。虽然不同情况下道理的方法各不相同，但基本结构是相同的。

首先，提出"我希望你做什么"的观点。

并且有支持该观点的理由："这样做的话。你能得到怎样的好处""不这样做的话你会有怎样的损失"等。

双方互相拿出条件，找到"妥协点"。

其次，要考虑情感因素。有时候，仅以"逻辑"推进谈判几乎是不可能的，情感更能左右谈判的结果。

即使从道理上讲我们有优势——不如说越有优势，对方越会涌上"讨厌被单方面压制"的情感。这样的话，对方的态度会变得强硬，能谈妥的事也搞砸了。

因此，不要想去赢得我方的"全部"要求。从我们想让对方同意的事项中挑出几个，控制在不让对方产生不快的范围内，或者边观察对方边试探着"一点点提出"。

即使最终有两三个项目做出让步，但今后如能和对方保持良好关系，从长远来看也是有益的。

最后，为了理解对方的情感，"倾听"也很重要。

处理事故的诉讼或离婚判决等受个人情感影响的案件的律师，通常都善于倾听。委托人的话要听到最后。

顺便说一句，在这样的场景中，委托人说话时常会感情用事，脱离主题。本应是遗产继承的话题，但他说着说着就开始讲起无关紧要的陈年往事了："以前父母就总是偏向妹妹，让她学钢琴……"

但律师并不会打断，而是会听下去。

乍一看，这似乎是浪费时间，但其实是最重要的过程。因为律师在这个阶段如果不能得到信任，之后的交流就不会顺利。

我看过一部电视剧，剧中把一位只会像机器一样讲道理的人刻画成"优秀律师"，但至少以我的经验看，律师如果不能理解情感的微妙之处，是难有大成就的。

许多话从理智上看是废话，但从情感的视角看是不可或缺的。

让人印象截然不同的讲话技巧④
看似无用的"枝叶"中，隐藏着魅力

5 讲话易于理解的技巧

正因为是自己的"专业领域"才要注意传达方式

"如果是自己专业的领域，讲起来就简单了。"你这么想的话就草率了。把自己已经掌握的知识，向没有掌握的人说明，出乎意料地难。越想"易于理解地"传达给对方，越需要高超的技术。

即使做了这么多年的评论员，我在解释法律时，每次还会相当烦恼。

有这样的条文，基于此案例是这样的，但也有例外……我没有时间这样一一讲解，即使有，讲起来也很复杂，会让听众觉得无聊。但是，省略某一个要素的话，又会丧失信息的准确性。

如何在简单表达的同时，保持最低限度的准确性？

奥秘是——"进一步抽象化"。

例如，想简单易懂地讲解法律时，你不仅要仔细阅读条文的内容、案例、例外等，也要调查该法律成立的背景。

这样的话，就能看出该法律是基于什么样的情形制定的，从而明白该法律的本质。

以此重要的部分为起点，选取最能体现重点的部分。这样可以提高锁定的重点的准确性。

在此基础上，把挑选出的重点用普通人也能听懂的语言讲出来就可以了。这么做既好懂，又能把准确性控制在允许范围内。

也就是说，简单易懂的讲解，需要更深层次的理解。

另外，明确"关键词"的意思或定义也很重要。例如，"这样不好"是指违反法律，还是指违反道义责任，自己要能解释清楚。如果你能明确使用这个词，就能建立起严密的逻辑。

越是"挂心"的主题越要"抑制"

我自己感兴趣的、与个人经历相关的事情，总想激动地诉说，但如果和听众的期待相差太大，就会感到话不投机。

比如，我因为"是女性"，曾被认为无法在工作中独当一面，年轻时的我对此非常不甘心。现在回想起来，我还会觉得心酸，忍不住想哭。当时我情绪激动，周围的男性传递出强烈的退缩情绪。

对于情绪化的发言者，听众会感到恐惧。

过于强烈的情绪会让听众害怕，担心被其吞噬，他们会不自觉地架起一道屏障。

正因为想被理解，抑制情绪才必不可少。

越是自己挂心的主题，越要注意淡定地讲述。

比周围人期待的热情低一点儿来讲述就够了。避免激烈的表达，按照顺序把事实简单易懂地摆出来。如果你没有自信能冷静地讲，就先试着一个人练习一下。

无论怎样都会泣不成声的话，你就应该痛下决心把这部分"舍弃"。

你可能会觉得"这样的话，难得的想法不就完全不能传达出去了吗？"

这没有关系，因为少数的（不被大众认同的）、被卷进犯罪的经历、从巨大的痛苦中恢复过来等——这些背景比什么都有说服力。

正在经历激烈的思想漩涡的"当事人"，却抑制着情绪努力传达的姿态，才是比什么都强烈的表达。

这个过程中有可能控制不住情绪也没关系。总之，要展示出想要用理性控制自己的情感的姿态。

比起赤裸裸的憎恶和谩骂，压抑的情感迸发出来的一瞬间，更能给人留下深刻的印象。

紧张时，"空一拍"再讲

我之前经常由于讲话时太过激动而失败。

平时我的语速就快，激动时语速还会更快，我很是困扰。从听众的角度来看，是"传递出了极大的热情，可完全听不懂在讲什么"的状态。虽然学生时代我总能有办法应对，可走上社会还是这样就不行了。

因此，我决定要在平时慢慢讲话。

你可能会想"工作之外没关系的吧"，并非如此。因为平常的坏习惯如果置之不理，关键时刻就会露出真面目。

评论员是需要立即回答的职业，在紧张的状态下，光是避免口误就已经让人竭尽全力了。

请想象一下你平时讲话时最差的状态：

不知不觉地语速变得很快，不知不觉地咬嘴唇，不知不觉地"嗯""啊"……这些出现的可能性很大。

还有很多人和我一样，一紧张语速就变快。也有人一紧张就声调变高、声音颤抖，甚至头脑愈发一片空白。

声调高、语速快，往往对内容也有轻微影响，重要的场合要防止这些。我在讲话时，特别注意以下三点：

①空一拍再讲话；
②尽量放低声音；
③慢慢讲。

做到这些，你就能顺其自然，用平静的语调讲到最后，请务必试一试。

让人印象截然不同的讲话技巧⑤
越是有自信的主题，越要慎重

6 讲话不怯场的方法

寻找"善意的听众"

还有一个讲话不紧张的技巧——寻找"态度友善的听众"。

在众人面前讲话时，你会发现有人认真地看着你的脸，面带微笑并时不时点头。如果有人上半身朝向你，或稍稍探出身，就更理想了。

因为他是带着善意的人。不管是否对你的话感兴趣，他都表现出了"正在兴致勃勃地听讲"的态度。

如能找到态度友善的听众，就请看着他的脸讲话吧。

即使这样，一直盯着别人的话会让人很困扰，所以时不时地看一眼就好。

我知道作为商务人士，这样做也许有些"犯规"。因为一般来讲，这样的场合要均等地与全员对视。但容易紧张的人还是不要被此规则束缚为好。

会议上也有不少摆出一张苦瓜脸的人，还有一直盯着会议资料、无聊地托着腮帮子的人。看到这样的听众会让你受挫。

这种情况下，请再次看向态度友善的人，你一定能恢复平静。

有人打瞌睡，不是你的错

演讲时我也经常使用这种方法。

虽然我面向听众讲一个多小时会紧张，但看到边做笔记边热心听讲的人就会松一口气。我的视野中也会出现"与之相反"的人，看到他们在听众席上睡觉，我会很受打击。

讲话这种行为，通常是在听众面前进行的。因此，在很大程度上，你的"心态"会被对方的反应左右。这对你现场的表现有很大影响。你若是在意这些的话，很容易丧失信心。

我也曾多次受此打击而感到不安，导致语气变得迟疑。为了不再重复这样的失败，我试着转换想法，试着回想自己作为听众时的情形：自己在听演讲时睡着，大多并非因为演讲无聊，单纯是"昨天喝多了"等自身的原因。

从那以后，感觉要受打击时，我就对自己说："Don't take it so personal（不要对号入座，不要总在心里认为这是针对你个人的——译者注）。"想想看，把一切都归咎于自己，反而可以说是狂妄吧。这等于在说，我的影响力是如此之大，所有人都围着我转。

真诚地去做自己能做的就行了，至于如何反应是对方的自由。这样想的话，就能快速调整心态。

不要照着背下来

每次演讲前，我都要做三四次"彩排"。站在镜子前"通篇"演讲，一一斟酌表情、声调、语言选择和内容。

和做评论员一样，要避免把准备好的东西通篇读一遍的方式。刚接到演讲的工作时，我设法通篇背诵，然后正确无误地讲出来。因此在正式演讲前的碰头会上，如果主办方提出"这个话题请重点讲一下"，那就不得了了。"怎么办，好不容易才背下来的"，我的内心很焦虑。现在我已经习惯了，遇到这种情况也能即兴发挥，游刃有余。

你可能会觉得："演讲和做评论不同，因为是长时间的、单方面的讲话，通篇背诵也可以的吧？"

这就错了。照本宣科和即兴发挥，结果完全不同。经过几次彩排后，虽然你能流利地说出来，但心里会产生一种"腻味"的感觉。

不可思议的是，这种感觉也会传达给听众。对于听众来说，他们明明是第一次听，却不知为何会感到厌倦。

讲的话想要引起对方共鸣，自己保持新鲜感是必不可少的。

如有演讲的机会要好好演练，但正式出场时不要"照搬"，要做好随机应变的准备。如果你做好了准备，演讲就会非常简单。

如果你突然想试着抛出一个笑话，就请毫不犹豫地实践一下。你的演讲会变得有趣得多。

即使这样说，也有"口误"的时候。这时要把"失败"转换成"挑战"，借助"挑战评价制度"表扬勇于挑战的自己。多即兴挑战几次的话，不久就会真的变得擅长演讲了。

让人印象截然不同的讲话技巧⑥
要本着"力所能及"的精神去讲话

7 敏感话题的应对方法

要注意"政治正确"

不管是一对一讲话，还是在众人面前讲话，有几点要注意。

首先就是"政治正确"。对于人种、性别、性取向等各个方面，禁止有歧视或偏见的言论。政治正确的概念发源于20世纪中叶的美国，20世纪70年代以后和女权主义联系在一起，之后"消除歧视女性或少数群体的言论"的主张被广泛传播开来。

比如"businessman"这个词是基于"从事商务活动的是

男性"的偏见，要换成"business person"。之后出现了很多类似的转换，现在也仍在不断增加。

"应该使用的措辞""不能使用的措辞"越来越多，甚至可以说是混乱不堪。

日本还没发展到这一步。相反，民众对于政治正确有略显迟钝的倾向。

不是"看护妇"而是"看护师"，不是"空中小姐"，而是"空乘人员"，这样的表达已经很普遍了。但像"娘娘腔"这种断言男性有女性气质的表达，或像"黑心企业"那样，把"黑"和"坏"联系在一起的表达，至今仍不绝于耳。

这样的表达在欧美几乎看不到了。日本民众对于性少数群体却有满不在乎的倾向。比如，有人投以奇异的目光，或是用半开玩笑的语气说话。要注意这种态度在国外是会让人皱眉的。

重要的是在措辞之前要先有"顾虑"。这里的顾虑是指，你要站在其他人的立场，不断想象从其他人的视角来看世界。

这个说起来容易做起来很难。我就曾在一次团体会见时惹得别人勃然大怒。

该团体认为"某种行为是歧视女性，应该是犯罪"，我却说

"我认为这在法律上很难断定"，因而被众人声讨。

我虽然只是陈述事实，也引起了众怒。不得不说"危险的表达"时，必须先讲清楚"我是以怎样的意图说的这些话"。

虽然如此，也有对方愤怒到不肯听解释的情况（我刚提到的经历就是这样的情况）。有时你无法当场化解愤怒，却有必要去了解为什么这个事实会让别人愤怒。

有时别人怎么想你也无可奈何，但不能说"好吧，我不知道"就置之不理，而应该保持想要去理解对方的心态。

调整好"平时"，为"非常时期"做好准备

不管是被指责说过的话，还是做过的事，人在受到指责时都会有所动摇。

这时如果你应对不当的话，就会招致更多指责。

这种场景经常出现在"致歉记者会"上。无论是发生了霸凌事件的学校的校长，还是有违法行为的企业总经理，抑或是丑闻暴露的艺人，经常都应对不当。

他们有时口误，有时语无伦次，有时还反咬一口，导致事

态失控。这样的例子真是不胜枚举。

上述情景在《广角镜》（wide show，大型新闻节目——译者注）中被详细报道，包括我这样的评论员在内的很多人都成为被批评的对象。

姑且不论世人把一个人当作靶子对或不对，这里想要思考的是，只有在非常时期，才能暴露出"此人的本质"。

有一位将金发染成黑发的艺人，名字就不说了，被警察带走后，当在镜头前被问到染发的原因时，他浅笑着回答说："听说黑色比较好。"

与浅笑的表情相反，那时的他汗如雨下。内心焦躁不安，被逼得走投无路。脸上浮现出的笑容，也被认为是想要设法平息紧张的心情的表现。

话虽如此，这个应答还是有问题的。

周围的人大概是跟他说过"怎样问的话就怎样答"，并稍微做过练习。

但如果是意料之外的问题，他就不知道该怎么答，只能说出一些幼稚、拙笨的话。从他当时的表现可以看出，他本人并没有带着自己的想法站在那里。

就连平时经常暴露在众目睽睽之下的艺人尚且如此，普通人就更应该认识到，在受到指责时，表现出"真实的自己"有多么可怕。

普通人几乎不会遇到记者会这样的场景，但会遇到类似的紧急时刻，还是希望大家不要惊慌失措。虽然很难，但比起平时，把紧急情况放在心上才是明智的。

让我们回顾一下，不管别人说什么，你是否都能准确地解释清楚，是否保有准确的措辞和适度的顾虑。

这些都取决于"平时的行为举止"。虽然不能说每天都三省吾身，但请记住，平时不注意言行的话，在紧急时刻就更危险。

少数意见也能堂堂正正的秘诀

"热点事件"中，有很多人本来就不应该受到指责。

如果发言的内容碰巧和世上的多数派不一致的话，也会遭到过度的、有时甚至是不正当的攻击。但没必要因为"会被攻击"，你就不敢发言了。

我认为，基本上只要处理好"程序"，发言就是安全的。所谓"程序"，就是确认自己的意见是否妥当的过程。

以我的情况来说，对照法律，如果逻辑没有错、结论也妥当的话，我就认为可以了。然后试着向周围可以信任的人（包括法律领域以外的人）说明，如果对方说"确实有道理"，我就会认为万无一失了。

切忌在事前过度揣度，甚至撤回自己必要的意见。

● 即使是少数意见也"不胆怯"的方法是什么？

处理好"**程序**"

▶ 要确认自己的意见是否妥当

▼

事实无误吗？

道理讲得通吗？

▼

**只要逻辑上和良心上都没有问题，
就可以充满自信地发言**

如果一有意见就动摇的话，作为发言者，你的可信度就会受损，请务必注意这一点。无论是在逻辑上还是在良心上，只要没有让人感到羞愧的地方，你就可以满怀自信地发言。而且，在大多数情况下，即使不能完全驳倒他人的反驳也没有问题。

例如，在公开的座谈会上，有时即使受到批评，你甚至都没有必要进行反驳。因为在有各种各样的理解方式的情况下，你没有必要议论对方主张中的缺点，勉强证明自己的正确。

与其越说越激动，你倒不如摆出一副"你有你的看法，我有我的看法"的表情就好了。

让人印象截然不同的讲话技巧⑦

冷静地处理敏感话题

8 出乎意料的美日之间 讲话方式的差异

美国人的讲话方式并不是那么有攻击性

提到"讲话能力"，很多日本人总是容易有自卑感。他们认为，与欧美人的讲话技巧相比，日本人无论如何都相形见绌。其实，这只是训练上的差距。

我在哈佛大学法学院留学时切身体会到，大多数日本人从小就在用"写作"来输出。与此相对，美国人则有许多互动型的授课和口头考试的经验。

总之，原本基础就不一样。

突然置身于美国社会，很多人对这种差距感到愕然，不由得发怵。但我们完全有可能通过训练追上去。

还有其他让日本人误解的地方。比如，把美国人清晰的讲话方式理解为想要"驳倒"对方。

美国人讲话常常给人一种不断向前、强烈阐述主张、想要驳倒对方的印象。

但仔细听的话，美国人的讲话方式并不是那么有攻击性。反而越是有能力的人，越能接受不同的意见，"总结"能力很强。

在诉讼实习中，越是优秀的学生，越不愿意"打败"对方。

调整好令人愉悦的表情，贴近对方的心情，认真倾听对方的需求，在此基础上，再结合自己的意见，寻找双方都能接受的共识点。也就是说，目标不是胜利，而是双赢。这样的姿态反而"适合日本人"。

如果有语言上的障碍，就很难察觉到这一点。"明明是以达成共识为目标，看起来却像是以驳倒为目的。"擅长日语表达的人很容易陷入这种误区。

长大之后才去国外生活的话，日语水平和英语水平的差距当然会很明显。如果你对此差距的反应过于强烈，英语圈的人的讲话方式就会显得比实际更有攻击性。

"因为不是母语，所以不能讲得像日语一样好是理所当然的"，保持这样的心态很重要。

应该向美国人学习的、不该向美国人学习的

我刚才陈述了美国人和日本人有"训练的差距"。

那么今后要训练哪些要点呢？

美国人还是很擅长演讲的，他们的演讲会给人推动性强、滔滔不绝的印象。那么演讲内容也很棒吗？其实并非如此。

你仔细一听，就会发现："净是重复，内容可能很单薄吧""前一段和后一段的逻辑是不是不通"，等等。这样的演讲有很多。

有这样一种说法："因为英语是逻辑性强的语言，所以欧美人比较擅长逻辑思考。"

的确，英语是一种主语和谓语都很明确、很容易说明要点的语言。但是，说英语的人全部都有逻辑性吗？当然不是。

反之亦然，并不是说"日语是一种暧昧不清的语言，所以

日本人就不擅长逻辑思考"。有的只是个人能力的差异。而且，用日语进行合乎逻辑的思考并输出，无论如何都是可以做到的。

归根结底，比起流畅地讲话，严密地构建逻辑更为重要。

明确了这一点，你即使讲话结结巴巴也能言辞达意，不必追求给人华丽印象的"美式讲话风格"。

当然，美国人也有值得学习的地方。

美国课堂上的问答非常活跃，其中也有很多未经推敲的问题，但谁都不会在意。也有学生上课迟到了，却依然会询问前面讲过的内容。

日本人会觉得这些做法"违反礼仪""丢脸"，但在美国，这么做却完全不会被责难。

一个原因是个人主义。不在意他人的行为，也不干涉他人的行为，这种"自己是自己，别人是别人"的文化已经根深蒂固；还有一个原因——这是值得学习的点——比起成功与失败，美国人更看重"选择"。

不管结果如何，"自己决定要这样做"就很了不起。无论什么样的问题，只要"举手"就会得到好评。

这与第 1 章中介绍的"挑战评价制度"相同。

我能养成"只要挑战了就对自己说了不起"的习惯，可以说与美国留学的经历息息相关。

遗憾的是，只要敢挑战就会被表扬的文化在日本是不存在的。甚至你如果失败了，还会被说"丢人现眼"。

正因为如此，评价自己的轴心不应该是"减分主义"，而应该是"加分主义"。不要批评自己"问题可能问偏了"，而要表扬自己"举手了呢，这就是进步"。

一旦掌握了"挑战评价制度"，你就有了自信，就会注意到别人的优点，然后也能够把这些优点说出来。

像这样，能对自己、对他人做出正面评价，就是让我们变得"善于输出"的秘诀。

让人印象截然不同的讲话技巧⑧
美国人的挑战精神值得学习

第 3 章

准确传达的
"写作技巧"

1 文章写得又快又好的技巧

常见的文章结构只有"两种"

写作这种输出方式通常是一个人的工作。对于容易紧张的输入型的人来说，比起和眼前的人"交谈"，大多会觉得写作更轻松吧。

不过，也有不擅长写作的输入型的人。他们的大脑中有大量的信息，常常会很迷惑该如何将这些整理成一系列的文章。

他们关于写作的大部分烦恼都源于不懂得文章的结构。

不用担心，只要记住"两种"文章的结构就足够了：

①先陈述结论，再陈述三个理由的类型；

②将相反的两者进行对比的类型。

● 文章的两种结构

❶ 先陈述结论，再陈述三个理由的类型

▶ 本来理由有几个都可以，
但要将信息整理、归纳为三个

❷ 将相反的两者进行对比的类型

▶ 列出权重相同的两个主题，
以得出中庸的结论为目标

在商务场合，这两种结构也可以作为"基本款"使用，是很方便的模板。结构①已经有很多人在实践了吧。

前面讲到理由的数量是三个，其实理由是多少个都无所谓，只是一两个理由，说服力往往会略显不够，七八个理由又会让你感到江郎才尽，会出现"第三个和第五个是不是一样"这样的重复，或者"第八个理由有点儿牵强"等让人喘不过气来的情况。最重要的是文章会变得冗长，让读者感到无聊。所以还是整理、归纳成三个比较稳妥。

结构②适合于想要得出中庸结论的时候。

我在写论文的时候经常使用结构②。

例如，列举出"父母的权利和子女的利益"这两项。在介绍了各自的观点之后，再展示这两者对立的例子。在贯彻各自观点的情况下，结论会变得极端。

此时的要点是，要列出权重相同的两个主题。

无论是罗列三个理由，还是比较两个相反的理由，都要有相同的权重。这很难做到，别说是我，就连了不起的老师也会出错。有时我还会从别人的建议中发现，自己竟然把两种不同水平的东西并列在了一起。

总之，要活用上面的两种结构，不管如何先写起来。这样既可以自己重读，也可以从别人那里得到点评。

商务文书不需要"好文章"

当然，还有别的写作结构。例如，司法考试的论述解答中有"起承转合"的结构。

"起"是提出问题，"承"是找出法律逻辑，"转"是将问题套用这个逻辑进行探讨，然后"合"是得出结论。

此外，还有根本没有套用某种结构的文章。比如散文、杂感等，其魅力往往在于没有采用固定的形式。商务人士没必要以写有品位的散文为目标。不擅长写作的人常常认为文章必须写得"好"，但商务文书不需要这种技巧。

在公司内部的文件中，散文"出场"的机会，大概就是社长的"年初感言"了吧。也就是说，写散文是大人物的工作，不是大人物的话即使写了散文也不会有人读。

在律师的世界里，越位高权重，写的文章就越倾向于加入散文式的技巧。如上所述，如果是权威人士写的，即使是"散文"，也会有阅读的价值。但是，这些人也有必须使用有品位的表达方式的烦恼吧。

对于写商务文书的我们来说，这样的烦恼是不必要的。不需要写有技巧的文章，也无须积累漂亮的表达。沿用之前的结构，写浅显易懂的文章就好了。

写一个字就能消除不擅长写作的意识

我常常听到这样的声音："不不不，即使是企划书我也常常写不出来。"

理由很简单，因为没有写。

即使你死盯着白纸，脑子里也想不出什么。所以，姑且试着写点儿什么吧，只写一个字也可以。这一个字就能跨越写作的门槛。

只写个标题"企划书"也可以，能够写下主题"关于××的企划书"的话，就更进一步了。

下笔之前的痛苦，"写起来"就会消失。

即使只写了一个字，心情也会平静下来。"接下来怎么办？"就会像这样涌现出向前的力量。

看到写下来的文字，你就会开始思考。之后，将脑海中浮现的内容随机记录下来吧。

在这个阶段，不需要考虑套用结构，也不要在意顺序，顺着思路写就是了，即使是只有关键词或不连贯的句子也没关系。

首先像上面这样拿出"关键词"。当然，一开始的输出是不完整的。

接下来，让我们来看看关键词和句子。这时，应该能客观地看出自己的思路。"这里有因果关系""这两个关键词可以做对比"你大概会有类似的发现。把这些整理好，修改成符合上述结构的文章就万无一失了。

如果是手写时代，这项工作恐怕会很辛苦。但是现在我们有强大的办公软件，可以自由自在地删除、补充以及切换段落，可以"以重写为前提"随机地写出来。

像这样"轻松写作"的机会越多，就越能消除"不擅长写作的意识"。不断地写，你就能写出好文章。

打动人心的写作技巧①
了解商务文书的"结构"，姑且写写看

2 写"有魅力"的文章的技巧

用"色彩缤纷"的文章吸引读者

现在，我所写的文章大致可以分为两种类型：一种是论文或法律相关的文书等，阅读对象是特定的少数人；另一种是面向大众的书籍或网络报道等，阅读对象是不特定的多数人。

两者即使主题相同，表达方式也大不相同。前者要求的是彻底的准确性。在法律这一领域，铁律是不让解释有"宽度"，无论谁读都是相同的意思。

写作时必须按照严格的语法，严禁带有主观情感。文章会变得枯燥无味，但阅读这类文章是工作需要，即便无趣，读者也一定会读完。

相反，如果是面向大众的文章，读者未必能读到最后。因此，必须在吸引读者兴趣上下功夫。

如果说论文是"白描的"，大众读物就是"彩绘的"。有趣的文章就是"色彩缤纷"的文章。

色彩缤纷的文章是什么呢，是一篇有丰富小故事的文章，也可以说是前一章所讲的，充实了"枝叶"的文章。

例如，说明关于"代孕"的法律。

在这里，作为基础的法律理论就是"树干"。这是论文中最重要的部分，但对一般读者来说有点儿无聊。因此，我们只能对"主干"做简单的说明，重要的是充实"枝叶"。

于是，文章中首先"登场"的是发生在 20 世纪 80 年代的"婴儿 M 事件"。这是一名美国女性作为代孕者在生完孩子后拒绝交出婴儿的案件。

这个女人在被迫交出婴儿的时候，竟然做出了把婴儿从窗户扔出的暴行。她的丈夫等候在楼下，接住婴儿后，开车逃走了。

写这样戏剧性的小故事，能吸引读者的兴趣。在文章中加入个人的心情、做事的经验、具有故事性的案例等写作技巧，在商业活动中也是有效的。越想让读者兴致勃勃地读到最后，你越要意识到要有"枝叶"的部分。

趣闻逸事要"消化"后再写

我以前也对写色彩缤纷的文章有抵触情绪。因为作为一名律师，我一直被教导要客观。

例如，在处理前面提到的婴儿 M 事件的时候，如果是论文的话，不应该写"把宝宝从窗户扔出……"而应该使用"新生儿""婴儿"等在法律讨论中曾经使用过的、定义比较明确的名词，表达要尽可能客观。论文的思考方式是通过内容的独创性取胜，而非表达的独创性。越是客观、白描的文章越是好文章。

如果是面向大众的图书，则需要考虑其他因素。对于无法具体想象的东西，人是无法投入情感的，我也是如此。那些抽象理论的图书，如果既和我的工作无关，也不是我的专业领域的话，我不可能特意买来读下去。

从那以后，我在写书的时候，都会有意识地去搜集一些趣闻逸事。在搜集资料的阶段，我会尽量挑选有趣的内容。像婴儿 M 事件那样，登场人物的极端行为很有冲击力。

除此之外，我还注意挑选有"人情味"的趣闻逸事。

例如，美国前总统特朗普在得知好友的父亲去世的消息时，丢下所有的工作，开了三个小时的车去陪伤心的朋友。他也有充满人情味的一面。

在阅读文章的过程中，如果发现了这些趣闻逸事，就尽可能地储备起来。

作为"枝叶"部分的趣闻逸事，需要与"主干"有关联性，这一点非常重要。如果不能厘清作为"枝叶"的趣闻逸事和"主干"的关系，就会带来违和感。我建议大家先确定一个主轴，然后从储备中找出相关的趣闻逸事。

用"两个汉字"使要点突出

接下来应该考虑的是语言的节奏。

即使结构严谨，理论完备，故事也很有趣，但如果句子没有动感，文章就很难阅读。

上述这些看似很难，需要注意的要点其实并不多。

第一个要点是简单。句子不要太长，尤其是开头，用简短的句子效果更好。第一句话大多是陈述主题，使用简单的句子，能给人留下强烈的第一印象。

后面如果有想要强调的部分，也要把句子缩短。技巧是不要像"虽然××，但是××，××……"这样冗长，而要像"是××，不过……"这样把简单句重叠起来。

第二个要点是形容词容易导致句子冗长，也要注意。

想要强调的时候，不知不觉就想增加形容词，但如果重复使用"广阔的、雄伟的、精彩的"等类似的形容词，会给人一种浮夸的印象。

相反，通过"重复同样的韵律"，能给人紧凑的印象。例如，在翻译英文的时候，出现了"care, custody and control"这个词。如果翻译成"ケア、监护、支配"的话，片假名和汉字混杂在一起，有点儿不平衡。但翻译成"照顾、监护、支配"的话就统一成了两个汉字，这样会表达得更鲜明。

汉字在视觉上也比平假名和片假名更精练，更易留下印象。口语用平假名比较容易传达，但书面语的语感和观感都更硬朗，选择信息密度高的汉字更有冲击力。想强调的要点，试着有意识地用汉字表达吧。（此处作者讲的是日语写作的心得，中文写作，道理其实也是一样的，尽量不要夹杂外来语。——译者注）

尽量避开外来语

　　关于外来语，在前面的话题里也出现过，我个人觉得要尽量避开外来语。

　　"ケイパビリティ"（capability，能力、才能——译者注）"サステナビリティ"（sustainability，可持续性——译者注）等，在商务场合中有数不清的外来语交错纷飞。我的直观感受是，外来语大多出现在新兴行业。

　　和新兴行业里的客户一起工作时，我虽会配合对方的习惯使用外来语，但我真的很想"用日语表达"。

　　写文章也一样，我会尽量用日语表达。因为直接用外来语的话，很难让人产生认同感。

　　以我的经验来看，写文章选择外来语表达时，很多时候自己都无法吃透这个外来语的意思。

　　这时候我会问自己："你想用这个词表达什么意思呢？"

　　如果不能用日语准确地解释，就说明我没有理解其含义。如果把模糊的认识写进文章里，传达给读者的信息也会变得模糊。因此，尽量不要使用外来语。

　　例外的是读者比较年轻的情况。如果用外来语表达，读者更容易"领会"的话，就不用刻意拘泥于日语表达了。

也就是说，判断标准是能否准确地将信息传达给对方。在商务场合，这种思考方式也很重要。

如果在双方都能准确把握意思的情况下使用，倒也没有问题，但不能仅仅"觉得很帅""很华丽"而使用外来语，会妨碍作者和读者"达成共识"，所以要注意。

"记录并储备"喜欢的表述

留学期间，为了提高英语写作的水平，我尽可能多地阅读文章。阅读时，我特别关注的是比喻表达。在英语世界，即使是生硬的文章，也会频繁出现诙谐的表达。书籍、新闻报道，甚至是判决书里都会出现机智风趣的表达。

在日本，最高法院的判决书通常会给人一种生硬的印象。有一项最高法院的判决用了这样的表述：出轨的丈夫竟然可以自行离婚，在他的妻子看来，这简直是"又踢又踹"（意为雪上加霜——译者注）。这样的例子在日本非常稀少，但美国的判决书却有很多有趣的比喻。在美国，写下最高法院的判决，对法官来说是一种极大的荣誉，所以能留下精雕细琢的名篇。

有趣的比喻也经常出现在商务场合。比如，在宣告长期纷争结束的邮件中，使用了"蒙太古与凯普莱特的和解"这样的表述。蒙太古、凯普莱特分别是罗密欧与朱丽叶家族的名字，这样的用典恰到好处。

觉得"这个表达真好"，我就马上打出来并保存，每次写文章时都要想一想自己是不是也能用得上。

积累自己觉得好的句子，就是一种进步。

如果认为"能这样写就好了""这样就能简洁地表达了"的话，就亲自把那个词语或句子打出来，保存在专门的文件夹里吧。一有机会就用起来，这非常有助于提高表达能力。

打动人心的写作技巧②
用"色彩缤纷"的文章与他人拉开距离

3 写简洁又不冰冷的邮件的技巧

邮件要以简洁为第一要务

　　大家每天都要发送几十封邮件吧。花了多长时间呢？即使一封邮件只需要几分钟，日积月累，这个时间也不容小觑。

　　对读邮件的一方来说也是如此，无论是阅读还是回信，最好都能早点儿结束。

　　因此，邮件要简洁。发件人能马上发送，收件人的负担也能减少，这是双赢。

　　邮件要尽量紧凑。除了正文以外，不要随便重复。这并不是"冷淡"，而是"善意"。当然，也要整理正文本身的信息，只简单地传达必要事项。

不要在一句话中重复使用修饰语，这一点也很重要。

"诚惶诚恐、非常抱歉"，像这样重复两次同样含义的句子，会给人留下执拗的印象。

"非常感谢。没能及时回复非常抱歉"，在多个句子中加入相同的修饰语会使句子变得不够优美。

"非常"之类的词最好只使用一次。强调的表现方式一般用在积极、肯定的文章中，会给人留下正面的印象。

比如前面提到的"非常感谢。没能及时回复非常抱歉"这句话，同时包括了感谢和道歉两个要素。将"非常"放在表示感谢的句子前更好。

"非常感谢。抱歉没能及时回复"，这样不但突出表现出了感谢之情，也会使整句话更加简洁和清爽。

简洁但不给人"苛刻"的印象也很重要。开头和结尾的寒暄部分，使用自己成为收件人时不会感到不悦的常用语就可以了。

把这些全部作为常用语"添加"一下吧。

每次都要输入正文以外的内容很费事。打"平时"就自动出现"平时承蒙关照",打"请"就自动出现"请多多关照",这样就能缩短几秒。

哪怕只是几秒钟,只要"积少成多",就能极大地压缩写邮件的时间。

另外,邮件写完一定要重读一遍。

信息是否准确无误地传达,开头和结尾有没有过多重复,每个段落间是否都空出一行等,确认过这些之后再发送邮件。

写错了,发送更正邮件,这样的事我也做过。经常出现这种情况的话,很有可能会给人留下"粗心大意"的负面印象。

道歉的句子才要"添加"

"添加"道歉的句子,对忙碌的商务人士来说是实用的功能。我也"添加"了很多常用语,但在"添加"的句子中有一个明显的倾向,道歉的句子非常多。

"对不起我来晚了""失礼了""万分抱歉""今后会注意的""感谢你的指导"……

除此之外,还有好几种道歉的常用语。

你可能会想到底要道多少歉啊，其实这是有原因的。越是这种"心情沉重的句子"，越需要尽快回复。

对方生气的时候道歉，你的心理负担会很大。

苦恼于各种各样的词语选择，你会做出"等想好了再发邮件"的决定，这是典型的失败。

如果推迟回复，一段时间内就不得不反复考虑道歉的语言。这样一来，心情会加倍沉重。如果"置之不理"的话，只会让对方更加生气。

如果收到斥责的邮件，首先什么都不要想，用"添加"过的常用语回复致歉邮件。之后再慢慢反省就可以了。

不仅限于道歉，我建议把饱含情感的句子都进行"添加"。

实际上，邮件中最重要的"正文"的部分，出乎意料地可以用事务性的语言迅速地打出来。与之相对，"请保重"之类的话，因为要考虑收件人的心情，所以选择语言的时间出乎意料地长。

因此，在我的常用"添加"中，"我很期待再次见到你的机会""我知道你很忙，请保重身体""周末请好好休息"……诸如此类表示关心的常用语也很多。

在此基础上，准备好"无可非议模式"和"简便模式"等，根据和对方的关系区分使用就完美了。这是我推荐给那些太过小心而不知说什么好的人的绝招。

在邮件的末尾添上表示关心的话

虽说邮件要简洁第一，但只写正文还是很乏味的。

加上一句表示关心的话是必不可少的，能增添一点儿人情味，能成为沟通的润滑剂。但它不能放在开头，因为大家时常会有在开头的寒暄之后，不能马上进入正题。

您"那边已经是冬天了吧。这边虽然凉飕飕的，但还不到……"如果是信件的话，这样开头还好，但不适合商务场合。

对方会想："赶快让我读到正文吧！"

在"承蒙您的关照"之后，要么什么都不写，要么只写一句"前几天非常感谢"就好了。

写完正文后，在末尾加上一句表示"关心"的话。

顺便说一下，如果是同年龄的、同性别的、打过几次交道的对象，我经常会补充一句"添加的常用语以外"的一句话。

这与其说是关心，不如说是为了进一步缩短距离的行动。

"××（first name，对方的姓）也请保重。"

"很开心地读着您的博客。"

"下次一定要一起吃饭！"

这样做，表达也会一下子变得轻松。

即使是工作上的关系，如果是感到亲切的对象，这种表达也很好。能够缩短距离的话，交流就会变得顺畅，对工作也会起到积极的作用。

打动人心的写作技巧③

邮件尽量简洁，结尾稍微加点儿表示关心的话

第 4 章

提升输出质量的
"输入技巧"

1　好的输入才有好的输出

输出才是目的

不要觉得"我擅长输入，所以没有必要学习输入"。输入型的人在输出时失败的原因，大多出在输入上：输入时没有意识到输出。

只看、只读是不行的，商业活动中的输入基本是以输出为目的的。无论是从图书、杂志，还是从别人那里得到的信息，你都要一边输入，一边思考如何输出。

根据输出时"角色"的不同，输入也会有所不同。

在上电视节目之前，我会考虑其他受邀嘉宾和观众，根据这些人的特点，决定收集多少信息。我收集的信息大都与法律相关。根据节目的风格，我会考虑这些信息要详细到何种程度。专业以外的话题，我觉得只要准备"常识水平"的知识就可以了。

以前我曾在这一点上犯过错：在被栏目组告知主题后，我想着"总之必须收集知识"，然后一味地输入。

为了应对棒球的话题，我事先储备了大量知识，甚至对于棒球的选拔机制也变得非常了解。但在正式节目中，由我大谈特谈关于选拔的高深知识显然是不合适的，因为我并非专业人士。正确的做法是，根据自己的角色，选择输入的内容。

有了这样的认知，输入的工作就会变得轻松。

"七成信息，三成经验"是最佳平衡

大家觉得输入是做什么用的呢？

一般来说，认为"当然是学习知识"是正确的。但是，本章所讲的"为输出而输入"，其意义并不仅仅停留在"学习"上。

在这里，需要将知识与"自己"联系起来。如果没有这个过程，输出就会变得乏味。

例如，关于信托投资，A先生和B先生有不同的表述。A先生说："2018年购买信托投资的人中，46%的人资产减少了。"B先生说："2018年购买信托投资的人中，46%的人资产减少了，我也是。"

你感觉哪个表述亲切呢？当然是B先生。

A先生只传达了"信息"，就跟朗读现成的文章一样。听他这么讲，还不如读报纸。

与此相对，B先生加上了"经验"，像他这样让人感觉到有"说话者自身"的要素的话，信息就会显得有血有肉。

话虽如此，喋喋不休地谈论自己也要三思。这样会显得主观，信息的准确性就会下降。

在我看来，"七成信息，三成经验"是最佳平衡。从输入阶段开始，就要意识到这个平衡。阐述信息的同时，请偶尔加入自己的想法。人们真正想听的，是来自那个人的独特经验。

在输入知识的时候，一定要问问自己：

"这篇文章你感觉怎么样？"

"如果产生共鸣或反感，是因为自己的什么经验？"

这样一来，就能从输入的知识中结合自己相关的经验。

把这些一起讲的话，就是"知识＋经验"，而且，这是只有本人才能编辑出的组合。这里面大概也流淌着"讲话人的个性"的血液吧。

"过于了解"会适得其反

还有一个输入型的人经常犯的错误：他们觉得输入的过程很有趣，即使有很多本书，也会津津有味地读下去。

或许有人觉得："只要赶得上输出，不是就没问题吗？"

这样的人一定是阅读速度快的类型。

善于输入的人一般都有这样的倾向，觉得只要能在短时间内读完很多书就没问题。

即便如此也有问题，问题就是"过于了解"。1～2本就能掌握基础知识，3～5本就能了解细节，继续读下去，最后就达到专家的水平了。这时基础知识对他来说就会变成"无须特意赘述的常识"。

以这种状态给别人讲解的话，讲解会变得非常不协调。无论是对方想要了解的要点，还是不容易理解的难点，在讲解的人心中都早已解决。所以，基础的东西只用一两句就跳过，剩下的就是接连不断的专业知识和专业用语。

这样一来，对方就会很困惑，不久就会感到无聊。也就是说，输入过多的话，你就很难看清对方的需求。注意：不要到达比对方的知识水平"高太多的地方"。

"初学者的话，这种程度就够了，略懂的人的话，还要稍微深入一些"，像这样配合对方是很重要的。

设定"截止时间"，增加输入的密度

喜欢输入的人，即使过了截止期限，往往还是会刹不住车。我经常使用的方法是"在即将输出之前才着手输入"，强制性地只在短时间内输入信息。

我曾到大阪参加《说到这里委员会 NP》节目的录制，在两个半小时的车程中，我读完了包里六本书中的四本。"在即将输出之前才着手输入"不仅能"防止过度阅读"，还能增加输入的密度。

顺便说一下，我是在留学期间切身体会到这么做的效果的。当初我阅读英语很费劲，作业写起来也很费劲。但是我必须在上下一节课之前写出来。在这样拼命的过程中，我的阅读能力得到了锻炼。

对于阅读文章需要花费时间的人来说，这也是很好的锻炼方法。

使输出产生巨变的输入技巧①
逼自己缩小范围，仅专注于最合适的输入

2 不断提高输入质量的信息收集秘诀

收集信息只靠"书"

像前面所说，我在上电视之前都会读几本书。书是优秀的信息载体，能够系统地传达知识。我的信息收集大多是以书本为中心进行的。

基本上，任何话题我都尽量从法律的角度来讲，国会的法案审议、犯罪案件、外交问题等。我会根据主题，阅读相关的大众书籍和专业书籍。

一定要通读一本书。我不采用挑选貌似能用到的章节进行阅读的方法，因为在没有预备知识的状态下，很难挑出真正的要点，只有通读全篇，才能把握书的全貌。

我也会遇到完全没有专业性的话题。这种情况下，我只要具备一般常识水平的知识就足够了。

我会选择阅读新书，它们汇总得简单易懂，大小也便于随身携带。选择图书时必须注意信息的新鲜度。宗教、哲学、历史类图书，几乎不会受到时间流逝的影响，但是政治、军事和外交每时每刻都在变化。不管多么好的图书，如果是几年前出版的，信息的价值就会大打折扣，一定要确认出版日期，选择新出版的书来阅读。

不在网络上收集信息的原因

"说到新鲜度，这不是网络最大的优势吗？"有人可能会这样想。

确实，我也会在完成书本的内容后，再上网查一下相关领域的最新信息。这是为了检查这几天有没有新的动向。

除此之外，网络在我这里就没有出场的机会了。网络终究是辅助，是点缀。

想必有人会想："明明网上也有可靠的信息……"

的确如此。可网络上的信息既没有质量，也没有一贯性。把这样的信息作为点评来谈，意义也不大。无论是否用于评论，我都不建议大家从网络上获取系统性的知识。虽然也有阐述专业知识的网站，但目前来看，信息碎片化很难避免。

例如，我曾在网上看到过一篇对法律知识进行详细解说的文章，它有新颖的视角等吸引人的地方，但也有"只见树木，不见森林"的问题。

当然，有的图书也会这样。但在现阶段，网络上的信息给我的印象是更加碎片化，而且立场更加极端。

想要深入理解，最好去读"纸质书"

说到"读书"，近年来使用电纸书的人越来越多。不占地方、想读的时候马上就能看到的电纸书，确实很方便。

但我更喜欢纸质书，印刷出来的文字更容易进入脑海。

这可能是时代的问题，我这个年龄段的人恐怕是最后一代熟悉纸质媒体的。如果是二十几岁的人，肯定不会排斥电纸书吧。

然而，纸质媒体依然有明显的优势。

查找一条信息，发现它"就在这附近的某一页上"，这种翻阅的感觉是无法通过电纸书获得的；报纸也是如此，打开后可以环视整个页面，前后左右的内容也会自然而然地映入眼帘，信息量很大，而且是多层次的。

电纸书的小屏幕做不到这一点。虽然通过搜索就能找到想要的信息，但除了"想看的信息"之外，其他信息都无法映入眼帘。用于阅读的滚动条也很麻烦，有人看了进度条，知道接下来还有很多页，就会感到厌烦而中途放弃。实际上，它的文字量并不大。如果是纸质书的话，很快就能看完。从这个意义上来说，我觉得电纸书是一种难以让人持续集中注意力的工具。

从"以输出为目的进行输入"的观点来看，纸质书也是优秀的。

我读书的时候，经常使用便签。我把便签贴在自己在意的地方、一定要记住的地方，在正式开始之前快速地重新看一遍，这是我的习惯。如果用电纸书做同样的事情，真有点儿麻烦呢。

各个时代的人用各自最适合的方法进行输入就好了，已经习惯了纸张的一代也无须强行电子化。

灵活运用视频

还有一个让人感受到时代差异的是视频的盛行。

当前，年轻的学生不是从书本上，而是从视频中获取知识的情况在增加。

以视频作为主要输入方式有效吗？答案是"因人而异"。

据说在输入的时候，活跃使用五官中的哪一个，有相当大的个人差异。

对于视听能力强的人来说，视频是非常高效的。有的人不擅长看书，但声音和画面的话自然就进入脑海。这样的人应该充分利用视频。

文字和视频也有各自的优点：看文字的优势在于"速度"。看视频所需的时间是固定的，但看文字的速度可以自由调整，而且能比视频更快输入。

把两个小时的视频内容变成文字，结果就显而易见了。恐怕即使花时间仔细阅读，也只要三十分钟左右吧。

顺便说一下，在留学的时候，我曾经问一位老师，在修完必要的学分之后，为了获得知识，应该选哪一门课。老师说："先不说选哪一门课，想要获得知识的话，最好的选择是读书。"

也就是说，如果想直接向教授提问，想和他亲近，想建立关系网的话，进修课程是最好的；如果只是为了学习课程内容，买那位教授的书会更快。这再次证明，读书是很高效的。

那么，视频（或现场授课）的优势是什么呢？

优势是诉诸情感的力量很强。因为在声音信息之外，还加入了反映讲话的人秉性的表情、肢体语言等要素，这会产生震撼力。

对于想要体验这种"现场感"的人来说，我推荐视频。当然，也可以两者都体验一下，确认一下自己的真实感受。

使输出产生巨变的输入技巧②

想深入挖掘的话，读"书"是最好的

3 提升输出力的读书方法

深入挖掘书籍，打造"知识森林"

比起电纸书，我更喜欢纸质书。比起视频，我更喜欢文字。我是"坚定的图书派"。

这样的我，是如何读书的呢？

我是根据输出时的"作用"来区分对待的。对于专业以外的领域，我会阅读一两本新书，把握整体情况。与之相对，专业领域的书，我会选择做深入"挖掘"，目的是在大脑中形成"知识森林"。

● 打造"知识森林"的方法

1	阅读入门书，掌握"基础知识"

2	在感兴趣的地方贴上"便签"

3	挑出便签处描述的出处——"参考文献"，拟定接下来应该阅读的书单

4	重复1～3，深化知识

首先，从入门书开始学习基础知识。

这时，要选择参考文献和引用较多的书籍。

在感兴趣的地方不断贴上便签，挑出记述的出处的"参考文献"。手边准备一张"草稿纸"，把书名、作者、出版社写下来，作为"接下来应该阅读的书单"，然后阅读参考文献，进一步读这些参考文献的书中出现的参考文献。读完的内容，按照"To Do 列表"的要领不断划掉，同时深化知识。

这样挖到最深处的话，就稍微错开"切入点"，再从入门书开始读，用同样的要领深挖。

这样从各个方向植树造林，就能不断扩大"森林"的面积。当"树木"的数量达到一定的程度后，再将目光转向各个"枝叶"。

在这个阶段，你需要经常做的是"摘抄"。印象深刻的地方，如果是一页以内的长度，原样输入电脑的话，记忆就会得到强化。注意，不要进行概括或改写，关键是要忠实地摘抄。

在不知道自己理解得是否正确的阶段，如果按自己的理解换成其他表达方式，就有可能对知识产生偏见。

摘抄是否要严格到这种程度因人而异。但在"输入"的初期，请重视"把写着的东西老老实实地放入脑海"。

先建立假说，再收集信息

如果能像这样形成一片"森林"，接下来就面向输出强化"骨架"吧。

这是指核实自己心中的假说。在面对某一主题时，无论是谁，在头脑中事先都会有某种画面或方向。

最初的植树造林是确认头脑中最初的图像"果然是这样的"，或者是一边修正"自认为是这样，其实是那样的"，一边形成自己见解的过程。

在森林形成的时候，"关于这个主题，我是这么想的"的假说大致得以定型。

然后，重新阅读参考文献，必要时也可以查阅其他文献，确认假说是否正确。

● 假说的三层结构

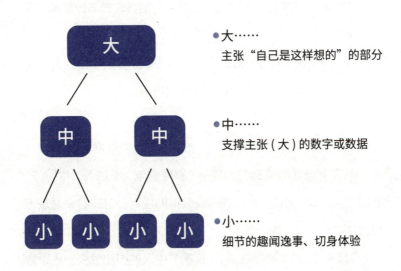

● 大……
主张"自己是这样想的"的部分

● 中……
支撑主张（大）的数字或数据

● 小……
细节的趣闻逸事、切身体验

假说由"大""中""小"三个阶段构成。

"大"是"自己是这样想的"的部分,"中"是能够证明它的信息,确认工作也是确认这两者是否矛盾的过程。而"小"则是细节、趣闻逸事。

例如,在消费税提高之前,曾有过经济会因此萎缩到何种程度的争论。这时,假设"国民已经在准备应对消费税提高,所以对经济的影响最小"。

这就是"大"的部分,也就是主张。而支撑它的"中"则是"有百分之几的企业已经在应对增税"等数字或数据。"小"是我常去的小规模美甲店的工作人员在为消费税提高做准备等身边的事情。

正如前面所讲,通过这样的趣闻逸事,可以让内容变得更加充实,可以让冷冰冰的数字变得有血有肉。

另外,在输出的时候,"中"的加入配比要根据场合改变。

我在写轻松的读物时,几乎(有时完全)不加入"中",只强调"大"和"小"。因为数字或数据的说明,对读者来说是无趣的。

"口头输出"的时候,也应该把"中"的配比放少一些。数据记录在资料里,发言时让"大"和"小"给人留下深刻印象是一个好方法。

　　相对地，如果是研究论文等专业性的东西，"中"就成了主要内容。因为它是说服力的根基，所以其质量和充实性都很重要。

使输出产生巨变的输入技巧③
在"知识森林"里深入挖掘

---

4 创造只有自己才能做到的输出

发现自己的轴心

前面说过"在面对一个主题的时候，你的头脑中应该已经有了简单的画面或方向"。

但也许有人会说："啊？我完全没有。"喜欢一味输入的人，这种倾向比较强烈。

那么，从现在开始改变输入的方法吧。面对一本书时，尝试带着自己的见解来阅读，这绝非难事。按照前面提到的"七成信息，三成经验"的要领，对照自己过去的经验来阅读就可以了。

另外，为了拥有这种感觉，还需要具备"基础能力"。做法也很简单。平日里，面对所有事物，都要思考"喜欢吗""讨厌吗""为什么"。

食物、小说、人物、街头巷尾的传言——对一切事物都确认自己的感觉。

你不会什么都感觉不到，只是到目前为止，你没有将其语言化而已。让我们把这种"莫名"明确化吧。目标是"明确好恶的原因"。不要对"为什么喜欢""为什么讨厌"放任不管，试着思考以下问题的答案：

"为什么比起红茶，我更喜欢咖啡呢？"

"为什么这么在意这个新闻呢？"

"为什么这个名人一出现就想换台呢？"

…………

这些问题是了解自己的重要入口。你可以试着和朋友、搭档、家人等身边的人聊一聊。只要明确了答案，你应该就能找到一定的规律，这个规律就会成为你的轴心，也就是价值观的核心。

轴心越明确，输入就越轻松。因为你已经知道自己的兴趣所在。

　　读书的时候你也要根据自己的兴趣，或仔细阅读或快速浏览，区分轻重缓急。如果没有轴心，就会全篇通读，读得筋疲力尽。这样做既花时间，乐趣又减半，大概也很难留在记忆里。

遇到无法认同的意见时，
思考"为什么"会有这种意见

　　如果只以个人喜好或兴趣为基础持续输入信息，也会有被偏激的价值观带走的危险。

　　特别是互联网，它可以分析人们检索或阅读的喜好，只提供"这个人喜欢的信息"，所以人们很容易在不知不觉中排除自己兴趣之外的东西，或者与自己价值观不同的观点。

　　能够防止这种情况发生的，就是"持不同意见的人"。当与他人意见相左时，我会想"这是防止偏颇的机会"。

　　当然我也会感到压力，也会觉得烦躁："他在说什么呢？"但不会想"跟这个人合不来，就闭口不谈"，而是想"站在这个人的立场上再考虑考虑吧"。

● 试着思考不同意见的原因

坏的例子

他在说什么呢？

跟这个人合不来！

好的例子

为什么他会这么想呢？

烦躁拒绝

▶ 不论好坏，排除不同的
价值观和思想

询问理由

▶ 了解理由，防止自己的
意见出现偏颇

在此基础上向对方"提问"是很重要的。对方越是不想听，主动询问就越有效。"为什么你会这么想呢？"

问完后，请耐心倾听对方的理由。这时不能感情用事地说："啊，为什么？"这样做虽然采取了提问的形式，但实际上是不分青红皂白地否定。

说到底，我们是为了引出对方的答案，才抛出"为什么"的吧。

于是，在某个时刻，我们即使不能赞成，也终于得到"原来如此，所以要这么主张"之类的发现。于是我说："原来是这样啊。"

把自己理解的内容表达出来，对方也会软化。即使最终意见不一致，那也是很大的进步。因为"我和你的意见虽然不同，但我承认你的意见是存在的"。

要有可以对别人说的"弱点"

几经曲折最终得到"理解或发现"是有诀窍的。

例如，当一个人固执地讲某件事时，他在意的要点一般都在别处，那就是自卑感或心理创伤。

假设某人经常炫耀自己的知识，他想讲的并非知识的内容，而是想展示"渊博的自己"。更进一步说，他很可能有过"知识不足而失败"的经历。之后，他系统地学习了相关知识，为了展示自己"已经掌握到此种程度了"，常常会说过头。

在滔滔不绝地谈论知识的时候，他想传达的并不是内容，而是"我的知识很丰富"。有时会变成这样。

这就违背了第 1 章中提到的"注意事项"之一：不要让自

己看起来很了不起。

我曾经也这样，所以当别人做同样的事情时，我能理解他想要炫耀的心情。

话虽如此，如果别人自卑的原因离自己"很远"的话，我有时也会注意不到。

很长一段时间，我都不太理解有人因为学历低而感到自卑。大家可能会觉得"你是东京大学毕业的，当然不能理解"。但不全是这样。我一直认为，职场人的价值在于取得成果和业绩，学历之类的"过去"没有意义。

实际上，包括我在内，很多人虽然学历很高，但一到工作就不断犯错。我一直认为自己的想法没有错。直到最近我终于明白：即使有了成果和业绩，也有人会在意自己没有高学历。

说什么"过去怎样都无所谓"，真是太不顾及别人的感受了。自卑这种东西会毫无道理地束缚一个人。认识到这些，我们就应该尊重这种心理状态。

即使我们这么想，但对方的自卑感很强的话，还是会被敌视。如果你有可能引发他人自卑的因素（学历、资产、容貌、美满的家庭和恋爱经验等），建议你准备一些"弱点"。

我并不是要你公开自己的心理创伤，每个人应该都会有更轻微的、能对人说的弱点。例如，"不擅长运动""路痴"等。"在美国完全不懂英语，躲在厕所哭（就是我呀）"之类的失败经历。

如果你能随时说出自己的两三个弱点，就能防止不必要的摩擦。这是让人际关系变得"圆滑"的绝招。

信息的"深度"比"广度"更重要

经常有人说，"交流"对于收集信息是有效的。

我也曾相信其效用，努力出席为了扩大人脉而举办的酒会、为了获得不同视角而举办的跨行业交流会等。

但是，说收获是"零"也不为过。即使和之前初相识的人还有后续接触，大部分情况下也不会有什么深层交流。

想要获得能够称得上"精神食粮"的知识，就不应该泛泛而谈，要做专业和深刻的交流。

我在财务省工作时的前辈和朋友中，有几位现在经常见面。

他们对我感兴趣的领域做了非常详尽的讲解，我受益匪浅。

我也很重视和住在美国的朋友进行邮件往来，他们富有启发的见解常常让我感到耳目一新。

与信赖的人分享知识是非常有意义的。

那么，信赖的标准是什么呢？基本是靠"直觉"，这里也可以说是以"好恶轴心"为基础。

但不仅这些。这个人的见解是不是"拾人牙慧"也是重要的标准。这也符合"七成信息，三成经验"的法则。

使输出产生巨变的输入技巧④

建立起假说，就会产生自己的轴心

第 5 章

左右输出品质的
"沟通技巧"

沟通技能也是出色的输出技能

沟通决定别人对你的印象

最后一章的主题是沟通，沟通包括提问和倾听两个方面。我在第 2 章中讲过，为了使商谈或谈判取得成功，认真提问是不可或缺的。

为了从对方那里获得有用的信息，选择用什么样的语言、什么样的态度去提问，是非常重要的输出技能。

谈判之外也一样。想要更多的信息时，想要得到解决问题的线索时，想要增进信赖关系时，提问都是强有力的手段。

关于"提问的勇气"，我在前面也说了很多。年轻人不要害怕丢脸，大胆地提问是很重要的。即便积累了一定经验的人，不安于现状、不断地提问也是很重要的。

作为例子来介绍可能非常冒昧，但这是我从心底感到高兴的经历。

在与自由播音员有动由美子（日本知名女主播）女士见面的时候，她竟然请求我给一些建议，她问道："在做点评时，你会在意什么？"

像我这样的年轻人……真是诚惶诚恐。因为过于惊讶，我已经想不起来回答了什么了。

只记得对于我的结结巴巴，有动女士立刻拿出了笔记本，做了笔记。

她全力表现出的关注姿态，让我非常高兴，我也再次对她产生了尊敬之情。

善于沟通的人和不善于沟通的人

"对视""点头""附和"，对话时能做到这三点的人，总的来说是善于沟通的人。

但我最近觉得，善于沟通的人实际上有两种：

类型①是像有动女士这样真正的沟通高手。类型②是貌似在听，实则没听的人。

你是否遇到过这样的人：他们热心地提问，微笑着附和："哦！""太厉害了！"你心想：他一定很感动吧……没想到下次见面时，他又问了同样的问题。

这样的人不在少数。或者不如说，世上善于沟通的人很多都是这种类型。

这么做绝不是坏事，说得极端一点儿，"不露馅就好"。

如果讲话的人觉得"这个人很好沟通"，那他就是一个很好的听众。听众反应积极，讲话的人会感到高兴。这样的话，语言就会顺畅地说出来，对话也会很愉快。

实际上，比"类型②"更糟糕的是自私自利的人（把水引到自己田里）。

这类人属于"类型③"，他们喜欢马上把话题转到自己的身上。多见于年纪尚轻、野心勃勃的政治家。

抛出问题后，你刚回答一句，他就马上用"我也是这样的，其实……""这个我想……"将话题夺走了。

这类人貌似很热心，其实只是想找个机会说出自己的想法而已。真让人扫兴。

也有"类型④"的人，明明在听，却不在态度上表现出来，"不对视""不点头""不附和"。和这类人交流，我会感觉非常不舒服。

但是在我讲完之后，对方的点评却出奇地准确。

比起笑着点头的"类型②"，"类型④"的人理解得相当深刻。即便如此，在我的记忆中还是会对"类型②"的人留下好印象。

没错，"类型④"的人在交流中非常吃亏。

如果你觉得自己也属于这个类型的话，就要注意"对视""点头""附和"三件套。只要做到这三点，马上就能变身为"类型①"，成为真正的沟通高手。

听的技能与不听的技能

"对视""点头""附和"能让讲话的人精神饱满。听众的善意反应，会让讲话的人产生"想要进一步表达"的想法。

● 善于沟通的人和不善于沟通的人

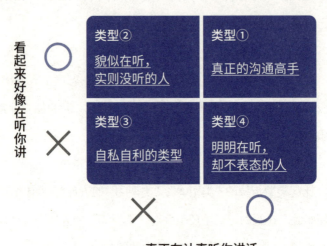

▶ 类型②比类型④能给人留下好印象，最吃亏的是类型④

这样一来，就会引出连讲话的人自己都意想不到的"好答案"。听众也能得到有用的信息，真是双赢。

我在第 2 章中提到的、办理离婚和遗产继承的律师也在实践这一方法。

我之前负责的业务中比较多的是企业法务，这是一个完全不同的领域，需要的是"不听的技能"。我们要将"类型④"的态度发挥到极致。"不对视""不点头""不附和"是理所当然的。

当对方公司的律师说话时，我会故意移开视线，有时还会把视线落在手表上。这样一来，讲话的人就会焦虑自己的话是否太多了。

更进一步，我不仅不表示同感，反而表示出反对的态度。比如，歪着头突然翻起眼前的文件、用探询的表情和坐在旁边的同事窃窃私语等。这样一来，讲话的人就会担心自己的话是否有误。

作为听众这是最糟糕的一类。这样做就不是印象好坏的问题，是无礼了。因此，"不听的技能"能够使用的场合非常有限，仅限于完全敌对关系的情况，或对委托人有利的情况等。

不管怎么说，沟通的行为和对方的情感有着很深的关系，这一点大家应该已经明白了吧。

要想成为善于沟通的人，关键在于如何让对方产生想要说话的欲望。

不要因为大人物"不善于沟通"而气馁

综上所述，沟通的技术就是让人"开口"的技术。虽然是间接的，但这也是优秀的输出技术。

我们能否当好听众，从对方那里引出好的输出，这在很大程度上左右着交流的成果。

我有时会想，很多领导是不是完全不理解这一点呢？

面对领导发言时，我也有过因为领导反应冷淡而丧失勇气的经历。在没有一个人看向我，也没人点头的情况下，我一下子就讲不出话来了。

我曾在以领导为对象的演讲中，讲述过这一经历："各位领导，部下发言时请一定要和他对视、点头。只有这样，部下才容易讲。"

然而听到这些话后，他们依然反应冷淡，只有站在讲台附近的女主持人在向我点头。对他人的话表现出积极的态度，或许这是女性擅长的领域。我在这里特别希望能唤起男性的意识。

顺便说一下，不仅听众反应冷淡，有时你还会被问到具有攻击性的问题。我也曾遭受过无数严厉的质疑和批评，真是备受打击，常常沮丧得连饭都吃不下了。

但是，上司后来却说："那样就可以哟。"

为什么呢，因为如果真的被认为是无可救药的话，就不会受到批评和追究，也就是说"敲打"是有意义的。如果在讲解企划书或提案时，遭到严厉的指责或质问，即使"被弄得面目全非"，也不要过于沮丧。

这时提出问题的人，只是为了让企划书或提案变得更好而已，并非出于恶意，而是出于关心。至少你的演讲引起了对方的兴趣。

话虽如此，但这并不是"好的"沟通方法。如果轮到我提问的话，不会提让对方畏缩的尖锐问题，而会善意地点头。

能干的人的沟通技巧①
"对视""点头""附和"，对话时能做到这三点的人，总的来说是善于沟通的人

2 自由控制印象的技巧是什么?

不要组织"过多"的提问

即使对方不是你的下属，沟通的技巧也是不可或缺的。

想要正确把握上司指示的时候自不必说，引出顾客的需求的时候等，都是最考验沟通技巧的时候。

你需要做的还是"附和"。尚不习惯时，"鹦鹉学舌"地重复对方说过的关键词是稳妥的方法。仅仅说"是啊""是吗，是××啊"，也能让对话变得顺畅起来。

更进一步说："是吗，说到 ×× 就会给人一种 ×× 的印象吧"等，把自己的预备知识穿插进去，以此附和对方也是有效的。新的关键词可以刺激对方去思考，进而引出有益的话题。

但有时"××"的方向性与对方的意图不同，也会导致失败。

"不不不，不是这样的"，如果得到这样的"反驳"，你肯定会觉得"糟了"，但灰心丧气是大忌。附和错了一句话，并没有什么大不了的。

你不如把它作为一个机会。因为，在这样否定的话语之后，紧接着的是对方真正想说的话。

注意听"不是××……"之后的话，理解其真意。这时，不失时机地强烈附和"原来是这样啊，是我误会了"，马上就能弥补。

另外，在听证会或采访等场合，认真仔细地引出对方的信息时，关键在于不要组织"过多"的提问。

"一开始这样问的话，对方大概会这样回答，然后再这样问，就会引出这样的话题……"像这样过于详细的模拟是很危险的。

因为如果第一个问题的答案和预想的不一样，你的计划就会被打乱。只准备几个想问的话题就打住，让对方自由地说，这样对话才会充满活力。

"附和"有别的意图？

律师会根据场合区分使用"听的技能"和"不听的技能"。

发挥"听的技能"时，也不一定是为了"表达诚意"。

在企业并购的时候，有一个"尽职调查"的必要程序。如果委托人是买方企业，那么我们就需要了解卖方企业的价值和潜在的风险因素。

调查时，为了不让对方产生戒备心，要把"对视""点头""附和"三件套全部用上。

其中最重要的就是"附和"。对方的话中即使偶尔出现"法律上可能有问题"的要素，也不能指出来。

即使做不到明确表示赞同，也不要皱着眉头或摇头，不要表现出拒绝的态度。这会让对方产生戒备心，进而就有可能隐藏信息。

如果是我的话，会事先了解有收购可能性的公司的信息，包括风险。当对方开始谈论涉及风险的话题时，你绝对不能中途打断。明明心知肚明，脸上却不表露出来，让对方说个痛快，然后把风险的内容报告给委托人，由委托人来判断。

在希望别人说话的场合，不做出拒绝是非常重要的。不管怎么说，倾听的技巧在很大程度上决定了能否取得成果。

　　另外，在尽职调查中，对对方行业的"预习"是不可或缺的。

　　这个时候，因为对方的专业性要高出很多。你想要具备同等水平的知识是不可能的，也没有这个必要。你只要读一本入门书籍，大概了解最新动态就足够了。

　　在向非常专业的人提问时，输入型的人通常会在事前花费时间进行"过深的输入"，但很多时候这些信息通过提问和回答也能获取，过深的输入只不过是重复作业。

　　虽然预备知识为零也不行，但是输入到连想问的问题都没有了的程度是错误的，最好预习到能提出适当的问题的程度。

倾听是个体力活

　　比律师更擅长倾听的是政治家。

　　我刚刚说过"年轻的政治家会马上把话题引到自己的话题上"，但如果是"大人物"就另当别论了。地位高的政治家，在大多数情况下，都非常热心地倾听别人的讲话。

　　进入财务省后不久，我有机会和一位政治家一起吃饭。第一次见面，他就清楚地知道我的名字、经历和部门，这让我很吃惊。恐怕是刚刚了解到的信息，就能在对话中很自然地说出。

于是话题自然地展开，还问到我关心的事情和对工作的抱负，并一一点头。我由此得知越是有地位的人，越不会轻视新人。

在那之后，我每次看到有地位的政治家，都会被他们的倾听能力所震惊。政治家每天都要和很多人对话。陈情、访问、会晤、宴会，一天中有很多倾听的机会，但他们每次都能摆出一副"此刻就是最好"的表情。

完全不会表露出"好累啊""接下来必须去什么地方了"之类的样子，让人由衷地感叹。

而且，我认为倾听的技能，也是"体力"的体现。

成功的政治家中有很多人拥有超乎寻常的体力，这也是可以理解的。我不会说"所以我们也要增强体力"，但是，我们可以避免"一脸倦容地听"这种没礼貌的事情。不要超过自己承受范围的长时间，应该精准地锁定重要信息，高效地引出话题。

与前一章的输入技巧相同，"不要过多地听不必要的内容。"

决定好退出的时机，适时结束也很重要。之后，仔细咀嚼得到的回答，加深理解。

如果对方跑题了，我们怎么办？

即使运用了前面说的技巧，有时也不能顺利引出想要的信息。用善意的态度倾听，对方的确会说很多。但这也常常造成"跑题"。

我的妹妹是医生，她听患者说话常常听得很辛苦。

医生必须在有限的诊察时间里，问出症状，找出病因，并进行必要的处置。

有些患者可能是身体不舒服的缘故，不能马上给出答案。问的明明是"哪里痛"，却回答："两天前母亲来我家了……"明显与问题无关。

这个话题一直持续到妹妹觉得"不能再这样了"，她就会改变话题说："嗯嗯，不过关于伤口的情况……"

这时的诀窍是，表现出对对方的"担心"。表达出"我很在意你的疼痛""我很担心你，请告诉我你的病情"这样的心情，即使打断谈话，给人留下不好印象的风险也会降低。

换句话说，传递出的信息不是"你说的话很无聊"，而是"我对你说的话很感兴趣，只不过还有另一个要点"。

不仅限于此例，对于经常跑题的人，用这样的方式表现出诚意，就能扭转局面。

从偏离主题的讲话中找出关键词，表现出兴趣或关心，这也是很好的方法。例如这样的形式：

"刚才说的 ××，在我看来很厉害，但是……"

"你刚才说的 ×× 是怎么回事？我很感兴趣。"

像上面这样，"稍微改变话题走向"的技巧也可以举一反三地使用。

能干的人的沟通技巧②

仅仅说"是啊""是吗，是 ×× 啊"，也能让
对话变得顺畅起来

---

3 让对方吐露心声的 "终极提问法"

更高一级的技能 "融入"

要说沟通高手云集的职业，那就是播音员了。高桥真麻女士就是其中之一。一起工作时，我感受到，她会让在场的所有人都加入到谈话中来。

"如果是这个话题，就能让这个人充分发挥"，她时刻带着这样的意识。她是让所有人"融入"话题的达人。在美国的时候，我知道了"融入"这一技能的重要性。

我说过好几次，在哈佛大学法学院留学期间自己因为语言障碍吃了不少苦头。在这种情况下，周围人的"融入"经常解救我。

在我为无法顺利进入话题而苦恼的时候，经常有人问我这样容易回答的问题："真由你怎么想""日本的法律是怎样的"……每次我都觉得非常感激。

在大家都兴致勃勃交谈的场合，如果一个人处于无法进入话题的状态，即使周围的人没有恶意，她也会感到被疏远了。

在语言不通的情况下，产生疏离感的可能性应该非常高，多亏了把我拉进对话中的各位，我才没有陷入被疏远的感觉。

也许因为美国是多元文化社会，在人员聚集的场合，大家或多或少都有"融入"的意识。而且，越是能干的人，就越擅长"融入"。

我听说美国前总统克林顿就是这方面的高手。在宴会上，他对所有人都照顾有加，把不能进入圈子的人拉到话题的中心，不让任何一个人产生被疏远的感觉。优秀的政治家都擅长"融入"。

也存在巧妙的"融入"

"融入"是挂虑，也是高级技能。

当发现有人无法进入对话时，瞬间判断出"该向这个人问些什么"，然后适时发问，让对方毫无违和感地融入，这是非常知性且洗练的技能。

顺便说一下，使用这一技能大多是出于善意，但在商务场合并不一定。

例如，主持会议的主持人。会议的最后必须有"决定事项"。优秀的主持人会关注到所有的参与者，让每个成员都有一次发言的机会。主持人要把握各成员的发言内容，看清整体格局的同时决定方向。在重要的地方主导会议走向，引导得出拥有"最大公约数"的结论。

但是，有的主持人也会引导出"自己想要的结论"。在做结论的时候进行巧妙的"编排"，并不是一个优秀的主持人应该做的事。嘴上说着"这是听取全员意见后的决定"，其实却在大家不经意间把结论引向自己所期望的方向。大家身边没有这样的主持人呢？

众所周知的某位政治家兼学者，以善于此项技能而闻名。他能够在会议上向全体人员准确地提出问题，不露痕迹地引导与会者，行云流水般地做总结。直到与会者猛然发现自己中了圈套："这不是你想要的结论吗？"

无论是像高桥真麻为别人而做的"融入"，还是像这位政治家与其说是为别人不如说是为自己而做的"融入"，都是高超的技能。一个人只有具备了把握整体情况的力量，才能发挥出这样的能力。

用"倒带"的技巧引出话题

我每天接触的新闻节目主持人，都是具备了上述所有技能的沟通高手。对于"能够引导出什么"有着明确概念，在此基础上，他们向评论员提出有针对性的问题。

我明白这一点是在自己被问到问题的时候。

主持人不是笼统地问"你是怎么想的"，而是问"法律上是怎样的呢"，这样就指明了回答的方向。有时还会加上一句"在财务省工作过的你应该经历过很多……"

面对这样的提问，我也能给出符合要求的答案。

当我变成提问者时，我也常常效仿优秀的主持人。我的做法是"倒带"。

想让某人再讲一遍之前讲过的有趣的故事时，仅仅导入话题："关于前些时日××的话题……"然后把话题抛给对方。

诀窍是：即使完全记得内容，也要刻意只说开头。如果自己全部说出来，对方就没有什么可说的了。

就这样，我采用了主持人"引出话题"的方法。

另一方面，我认为在这个领域自己还差得很远的是：朝着结论，把很多人的话组织起来的技巧。

在制订讨论步骤的过程中，我会边思考"在这里要问这个人""从哪个人身上引出话题"，边提问，并组织大家参与讨论。我也会一边听着回答一边给出"信号"。

如果是符合要求的回答，我会表情丰富地点头。如果偏离了意图，就面无表情，等等。给出信号的同时，我也会仔细观察对方的表情。

倾听比提问更难

我认为近年来活跃在新闻节目中的主持人，都是"指挥家"类型的人。

把自己的意见强加于人的主持人会让人反感；不是用自己的嘴巴说出意见，而是引导评论员发言，然后巧妙地进行组织，从整体上形成一种意见的主持人，最近很受好评。

这或许就是当今时代"领导力"的一种表现形式。每当看到"指挥家"类型的人，我就会想到"倾听比提问更难"。

提问只要明确自己的想法就可以，但倾听则是进入他人的思考领域。如果有多位说话的人还要将他们组织起来，这是非常高级的技能。倾听的技巧是非常深奥的。想要把这种"指挥家"一般的技巧运用自如，需要相当大的努力。

但是，我们也有马上就能做到的事情，那就是改变自己的意识。

我们都认为倾听是一种被动的行为。但正如前面所说的那样，倾听是一种主动获取答案的行为。认识到这一点的话，沟通方式就会自然而然地改变。明确了想要听什么，相应的，也可以提出恰当的问题。而且最重要的是，沟通时的态度会更加真挚。能很好地向对方传达出想要听他讲话的姿态。这也是主动的行动。"对你说的话感兴趣，理解你所说的"，不断地向说话者传达这种态度，就是自我表达。

倾听和提问、写作一样，都是雄辩的输出。

能干的人的沟通技巧③

倾听是一种主动获取答案的行为

图书在版编目（CIP）数据

高效输出 / （日）山口真由著；宋洁千译 . -- 北京：北京时代华文书局，2024.7
ISBN 978-7-5699-5047-2

Ⅰ . ①高… Ⅱ . ①山… ②宋… Ⅲ . ①工作方法－通俗读物 Ⅳ . ① B026-49

中国国家版本馆 CIP 数据核字 (2023) 第 185102 号

OMOIDORINI TSUTAWARU OUTPUT JUTSU
Copyright © 2020 by Mayu YAMAGUCHI
All rights reserved.
First original Japanese edition published by PHP Institute, Inc., Japan.
Simplified Chinese translation rights arranged with PHP Institute, Inc.
through East West Culture & Media Co., Ltd.

北京市版权局著作权合同登记号　图字：01-2020-7062

Gaoxiao Shuchu

出 版 人：陈　涛
策划编辑：樊艳清
责任编辑：樊艳清　耿媛媛
责任校对：薛　治
装帧设计：贾静洁
责任印制：訾　敬

出版发行：北京时代华文书局 http://www.bjsdsj.com.cn
　　　　　北京市东城区安定门外大街 138 号皇城国际大厦 A 座 8 层
　　　　　邮编：100011　电话：010-64263661　64261528

印　　刷：河北京平诚乾印刷有限公司
开　　本：880 mm×1230 mm　1/32　　　　成品尺寸：145 mm×210 mm
印　　张：5.5　　　　　　　　　　　　　字　　数：100 千字
版　　次：2024 年 7 月第 1 版　　　　　　印　　次：2024 年 7 月第 1 次印刷
定　　价：42.00 元